廉 政 文 化 读 本

廉能第一
于成龙

王振川◎著

山西出版传媒集团　北岳文艺出版社

```
图书在版编目(CIP)数据

廉能第一于成龙 / 王振川著. —太原：
北岳文艺出版社，2015.11（2023.6重印）
ISBN 978-7-5378-4586-1

Ⅰ.①廉… Ⅱ.①王… Ⅲ.①于成龙（1617-1684）
—生平事迹 Ⅳ.①K827=49

中国版本图书馆CIP数据核字（2015）第248448号
```

廉能第一于成龙

王振川　著

//

责任编辑
韩玉峰

书籍设计
张永文

印装监制
郭勇

出版发行：山西出版传媒集团·北岳文艺出版社
地址：山西省太原市并州南路57号　邮编：030012
电话：0351-5628696（发行部）　0351-5628688（总编室）
传真：0351-5628680
经销商：新华书店
印刷装订：山西万佳印业有限公司

开本：700mm×1010mm　1/16
字数：120千字
印张：11
版次：2015年11月第1版
印次：2023年6月山西第2次印刷
书号：ISBN 978-7-5378-4586-1
定价：43.00元

本书版权为本社独家所有，未经本社同意不得转载、摘编或复制

目 录

第一章　于成龙传略 /001

第二章　廉能第一于成龙 /009

第一节　副贡求官逢离乱　中年出仕最艰难 /011

第二节　清廉知县成名吏　破败罗城改旧观 /022

第三节　同知不厌糠粥味　太守能当十万兵 /049

第四节　救苦解冤八闽地　安民治吏两司官 /080

第五节　直隶巡抚行新政　清官第一沐皇恩 /099

第六节　督江宁积毁销骨　辞尘世动地感天 /121

第七节　人去后政声犹在　清廉风万古长存 /146

第三章　于成龙箴言 /163

第一章 于成龙传略

于成龙（1617—1684），字北溟，号于山，明末清初山西永宁州人，清代康熙年间著名的清官廉吏，官至两江总督，有"天下廉吏第一"之誉。

于成龙像

万历四十五年（1617年），于成龙出生在山西永宁州来堡村（属今吕梁市方山县）。于氏家族是永宁的世家大族，家境富裕，广有田产。族人多以读书为业，信仰宗教，好行善事。这种家族传统风气，后来也深深地影响了于成龙。

少年时代，于成龙曾在永宁安国寺苦读数年，早早地就中了秀才。崇祯十二年（1639年），二十三岁的于成龙到太原参加乡试，中了副榜，做了贡生，获取了基本的做官资格。但在随后的几年中，山西一带灾荒战乱频仍，紧接着又是明末清初的大战乱，影响了于成龙的科举做官之路。在战乱年代，父亲于时煌领着于化龙、于成龙兄弟，隐居深山，继续刻苦读书。顺治八年（1651年），三十五岁的于成龙再次到太原参加乡试，却不幸落第。顺治十三年（1656年），四十岁的于成龙赴京谒选，通过考试获得了候补知县资格，又因父亲年老，暂时未仕。顺治十八年（1661年），父丧后守孝期满的于成龙，再次赴京谒选，通过掣签分配到广西省，时年四十五岁。

经过明末清初的大战乱，原本富裕的于家已经败落。于成龙赴京谒选后，已经用光了盘缠，靠赊账才得以回乡。为了赴任广西，又典田卖屋，凑了一百两银子做盘缠。在清徐县，好友王吉人曾劝于成龙不要去广西做官；在稷山县，于成龙向好友武祗遹郑重表态，声称自己做官不是为了一家人的温饱，而是为了天下百姓，同时发誓要"不昧天理良心"。

赴任路上，于成龙身患重病，几次挣扎在死亡线上，到广西后又被分配到偏远荒凉的罗城县。带去的五个仆人，一个病死，三个逃回。后来家乡又派来四个仆人，三个病死，一个发疯。剩余的仆人走后，曾经有一段时间，于成龙是孤身待在罗城，生活异常艰苦。但于成龙努力克服了种种困难，从零开始，做一名廉吏和能吏。他治理了罗城境内的盗匪，又通过谈判安抚了邻县的盗匪，创造了良好的治安环境。然后引导罗城百姓，发展农业生产，恢复太平生活。后来，又组织人力修复了罗城县城，动员百姓入城居住。建设学宫、养济院等公益设施，引导百姓学习文化礼仪。后世流传的于成龙断案故事，大部分都以罗城县为背景。在廉政方面，于成龙严格遵守朝廷的赋税制度，坚持不收"火耗银"，严肃查处衙门差役的违法乱纪行为，同时也严厉打击社会上豪门大户的违法行为。于成龙平易近人，与罗城百姓建立了深厚的情谊，百姓们甚至主动拿钱让于成龙改善生活。于成龙也善于和上级相处，精心研究广西政情，为广西巡抚金光祖出谋划策，改革盐务，兴利除弊，获得了金光祖的器重和赏识。

康熙六年（1667年），于成龙在官吏考核中，被广西巡抚金光祖和两广总督卢兴祖举为"卓异"，成为崭露头角的基层名吏。又因为在罗城连任七年，超过了吏部规定的"边俸"期限，被破格提拔为四川省重庆府合州知州，连升三级。合州虽是交通要道，但因为明末清初的战乱，人口锐减，几乎是个空州。于成龙上任后，革新了官府的一系列弊政，把大量精力投入到恢复人口和生产方面。不久，又奉命去外地为朝廷"查采楠木"，立下功绩。

康熙八年（1669年），在合州任职未满的于成龙，因为罗城的"卓异"和合州的功绩，再次被破格提拔，荣升湖广省黄州府同知，驻守于麻城县歧亭镇，时年五十三岁。康熙九年（1670年），于成龙奉命赴京"入觐"，朝见皇帝，然后顺道回了一趟故乡，和亲人短暂团聚。彼时，离家已十年整了。

于成龙在任黄州同知的四年中，以查办盗案而著称。他吸收一部分有盗匪背景的人为差役，采用灵活多样的手法查办案件，屡建奇功。他对屡犯重罪的大盗严惩不贷，但对被迫犯罪或有悔改之意的大盗小贼从宽处理，或者让其取保释放，或者让罪犯们互相作保，或者赏给其户口，让这些人改恶从善，安居乐业。由此，在黄州民间建立了崇高的威信。任同知期间，黄州曾经几次发生灾荒，于成龙节衣缩食，甚至卖掉骡马，将节约出来的俸银赈济灾民。另外也广泛劝募，号召民间富户捐钱捐米。在发放粮米时，于成龙严格把关，妥善处理，保障把粮米发放到真正需要的贫民手中。另外也走村串巷，挨户调查，不让一家一户有人饿死。他自己在贫困时，则以糠粥充饥，在当时传为美谈。因为于成龙是声誉鹊起的廉吏能吏，在任同知期间，也经常被调到邻近地区代理州县公务以及捕盗公务。

康熙十三年（1674年），五十八岁的于成龙被湖广巡抚张朝珍和湖广总督蔡毓荣举为"卓异"，赴京"入觐"后，很快被调往武昌，"署理"武昌知府。过了不久，吏部下了调令，升于成龙为福建省建宁府知府。又过了不久，于成龙负责建造的军用浮桥被洪水冲垮，被朝廷革职问罪。很快，又因为黄州爆发了"东山叛乱"，于成龙临危受命，被派往黄州。他采取灵活的招抚手法，很快就瓦解了叛军。又利用自己在黄州的崇高威信，孤身深入敌军山寨，劝谕叛乱首领刘君孚归降。随后又组织民间武装，剿灭不肯归降的叛乱余部，斩杀了叛乱首领黄金龙。因功被朝廷复职，任命为黄州知府。康熙十三年（1674年）冬，黄州第二次"东山叛乱"爆发，于成龙组织百余名官军，招募动员了五六千名民间义勇，主动出击，英勇奋战，最后以少胜多，再次平息了黄州的较大规模叛乱，立下了军功。另外，因为于成龙能够妥善安置归降人员，附近河南、安徽等省的叛军也主动向于成龙投降。任黄州知府期间，于成龙的母亲李氏在家乡去世，于成龙请求辞官守孝，但没有得到批准。

康熙十六年（1677年），于成龙在黄州任职期满，调任湖广下江防道，驻扎在蕲州，仍属黄州地面。此官职管理长江防务，于成龙任职时间不长，没有特别的事迹。但是，因为在黄州的军功，于成龙已经名满天下，各地官员经常来信请教军务，于成龙撰文回复，全面论述了自己对平息"三藩之乱"的看法和用兵之道。

康熙十七年（1678年），于成龙升任福建按察使。因为离任交接手续复杂，直到次年春季才到福建上任。离开黄州时，于成龙买了一堆萝卜放在船头，作为沿路的口粮，在当时也传为美谈。

康熙十八年（1679年），六十三岁的于成龙正式到福建上任。在任按察使的几个月时间里，于成龙冒着风险，平反了数千名百姓的冤案，又给监狱犯人增加了口粮和医药，全面整顿福建的官场秩序，提高政府部门的办公效率。战争期间，福建大军云集，军营里掳掠现象严重，于成龙捐出自己的俸银，又向官员富商募捐，从军营里赎买回几百名良民子女，送他们回家与亲人团聚。这样，于成龙虽然只任职几个月，但还是被福建巡抚吴兴祚和福建总督姚启圣举为"卓异"。

一生三次被举为"卓异"，这在清代官场上是非常罕见的。

康熙十八年（1679年）十月，于成龙升任福建布政使，主管一省财政。平时经手银钱上百万，有无数次发财的机会；港口外商经常会按惯例重金行贿，或者变相行贿，于成龙都一尘不染，坚守住了清廉风范。他生活俭朴，后衙简陋得让过往大官权贵咋舌不已。八旗官兵仗着特权，违规征召铡草民夫，引起了福建官员和百姓的反感，大乱一触即发。于成龙上书康亲王，为民请命，最终说服了康亲王，平息了事件。

康熙十九年（1680年）三月，六十四岁的于成龙被破格提拔为直隶巡抚，于当年六月到任。他全面整顿直隶的官场风气，同时也大力改良民间风气，发布了一系列革新措施。又屡次向朝廷进言，改革不合理的官吏管理制度，保护、举荐了一批优秀基层官员。面对宣府一带的灾荒，于成龙打破成规，先行开仓放粮，再向朝廷请示汇报，挽救了一批贫苦百姓的性命。到北方任职后，离家乡较近，亲朋故旧纷纷来访，请托办事，于成龙顶住了压力，坚持了原则。他与康熙皇帝两次见面交谈，受到了康熙皇帝隆重的表扬，也得到了丰厚的赏赐，被誉为"今时清官第一"。

康熙二十年（1681年）年底，六十五岁的于成龙向皇帝请假，要求回乡葬母，其实已有退休之意。康熙皇帝准假三个月，要求于成龙期满后继续任职。紧接着，康熙皇帝连下两道诏书，任命于成龙为两江总督，并兼任兵部尚书，把于成龙树立为吏治革新的典型人物。

康熙二十一年（1682年）三月，于成龙回到故乡永宁，安葬去世数年的母亲，并与亲人们短暂团聚了三个月，之后就永远离开了故乡。他在两江地区大刀阔斧地进行改革整顿，兴利除弊，很快就取得了成效，史书称为"政化大行"。但是，清廉的于成龙也因此得罪了一大批"势家"，受到这些人的攻击陷害。这些人联合起来，由副都御史马世济出面，于康熙二十二年（1683年）十月上疏参劾于成龙。他们说于成龙虽然有清廉的美名，但年迈昏庸，被中军副将田万侯蒙蔽利用，做了很多错事。又指责于成龙使用恶毒语言辱骂下属官员，让身边人伺机取利。面对政敌的攻击，于成龙没有为自己辩解，也没有反戈一击，而是谦虚谨慎地引咎自责，多次请求退休。康熙皇帝虽心存疑虑，但仍出面保护了于成龙，只给了他降五级留任的处分。

康熙二十三年（1684年）四月十八日，积劳成疾、忧郁过度的于成龙含恨去世，享年六十八岁。治丧时，下属官员发现于成龙一贫如洗，连办丧事的银钱都没有。江宁城（今南京）的百姓们也纷纷到总督署悼念参观，还采取了"罢市""巷哭"等方式悼念，还有百姓在家里供奉于成龙的牌位。当年冬天，康熙皇帝南巡到江宁，实地调查了于成龙的政绩和清廉风范，消除了对于成龙的疑虑，宣布撤销对于成龙的处分，隆重表彰、纪念于成龙，下诏评价于成龙为"天下廉吏第一"。

于成龙去世多年以后，江宁等任所的百姓仍然在纪念于成龙，康熙皇帝也对于成龙念念不忘，多次表彰。于成龙，因此成为康熙盛世的廉吏典范，名垂青史。

于成龙个人生活极其俭朴，平生的物质享受只有每晚的一壶劣质烧酒，文化生活基本上就是读书吟诗，精神方面的追求则是行善积德升天堂。在为官从政方面，于成龙能力过人，善于处置各种复杂公务，能够胜任不同类型的工作，也具备一定的官场智慧。他又有难得的担当精神，敢于冒着风险破格办事，因此屡建奇功。另外，于成龙也是"严于律己，宽以待人"的典型，对待同僚、下属、百姓，有一种包容和爱护的精神。特别是在任巡抚总督之后，为朝廷举荐了一大批优秀的基层官员，为清朝的吏治建设做出了贡献。

在历代的清官廉吏中，于成龙是非常特殊的一个人，值得后人研究和学习。

第二章 廉能第一于成龙

明朝万历四十五年（1617年）八月二十七日丑时，于成龙出生在山西省汾州府永宁州来堡村（今属山西省吕梁市方山县）。父亲于时煌，母亲田氏，哥哥于化龙。

于成龙遗像

第一节　副贡求官逢离乱　中年出仕最艰难

富裕的乡绅家庭

于氏是永宁州有名的世家大族,祖上出过巡抚级别的大官,家资丰厚,广有田产。族人多以读书为业,争取科举做官。同时也信仰宗教,好谈因果报应,热衷于从事公益慈善事业,是永宁安国寺的大施主、大护法。大家族子孙众多,家产不断分割,但到了于成龙父亲这一代,仍然算是比较富裕的乡绅家庭。于成龙的父亲于时煌,没有中举,花钱买了一个"鸿胪寺序班"的名誉官职,在家里读书教子。

于成龙幼年的时候,母亲田氏就去世了。不久,父亲于时煌续娶李氏。李氏深明大义,对于成龙兄弟二人慈爱有加,如同亲生,于成龙和继母的感情也比较深。李氏后来可能没有生育,至少没有再生男孩。

于成龙十八岁左右结婚,娶妻邢氏,他一生就只娶了邢氏一位妻子,没有纳妾。二十岁时,生长子于廷翼。后来又生了次子于廷劢和幼子于廷元，一共三个儿子。女儿的情况则没有记载。

熊赐履在《于成龙墓志铭》中，曾经写到于成龙青少年时期的风貌："公生而庄毅，异于凡儿。稍长，须髯如戟，即謦笑不苟，见者惮而敬之。性善吃辛苦，诸人所不能堪者，一处之恬如。为学务敦实行，不屑辞章之末……"

简单来说，于成龙从小就比较严肃庄重，不爱说笑，成年后还长了一部怕人的大胡子。能吃苦，爱干活，不太喜欢舞文弄墨，寻章摘句。

安国寺刻苦攻读

于成龙少年时代，曾经在永宁城西二十里的安国寺刻苦攻读。

于准在《重修安国寺碑记》中说："先大父清端公未达时，厌城市之嚣，沙霾之蔽，尝读书寺之东楼，与浮屠纯天者为方外交。纯天虽奉慈氏法，颇通子墨，清端公故喜与之游。"在《重修安国寺记》中又说："先王父清端公为诸生日，苦志静修，尝下帷于僧舍东楼。时寺僧纯天者参禅而通儒，与先王父朝夕谈心，遂称为方外交云。"还有记载说，于成龙住寺读书时间长达六年之久。

于成龙读书时住的房子，后世称为"于成龙读书楼"，现在还有遗存。当时，安国寺的住持法名性善，号纯天，是位儒佛兼通、善于作诗的风雅和尚，《永宁州志》有他的传记和诗作。他在生活上、学问上给了于成龙很多照顾，两人相处得很好。于成龙在寺中，除了刻苦攻读儒家经史，积极地准备科举，可能也翻阅了很多佛教经典，吸收了佛教文化知识。寺院中的晨钟暮鼓，清净素斋，也让富家出身的于成龙得到了一种全新的体验，为日后的俭朴生活打下了基础。

　　于成龙在安国寺，还有一次奇特的经历。睡梦之中，遇到佛菩萨或者仙人，赏给他一朵"优钵罗花"，让他吃了下去，他在梦中还为此吟出一句诗来："仙人赐我钵罗花。"梦醒之后，他把这种奇特体验讲给纯天和尚。纯天在藏经中查阅了半天，发现所谓的"优钵罗花"，就是佛经中经常出现的"优昙花"。这种有宗教意味的奇特经历，无疑会给于成龙一些暗示和鼓励，让他珍重对待自己的人生，努力做一番不平凡的事业。用民间文化的语言来说，这个奇梦意味着于成龙可能是某位著名高僧转世或者某位神灵下凡，是很有来历的人物。四十几年后，功成名就的于成龙回忆起这件奇事，还专门写了一首七律：

　　　　优昙曾记梦中餐，山寺日高柏水寒。
　　　　云绕佛龛常五色，香飘精舍比芝兰。
　　　　生平未识金银气，偶尔轻抛麋鹿滩。
　　　　四十年来魔障尽，好教拂袖紫霞端。

科举考试太坎坷

　　明崇祯十二年（1639年），二十三岁的于成龙获得资格，到省城太原府参加本省乡试。他没有中举，但成绩也很不俗，中了一个"副榜"。这年朝廷采纳大学士杨嗣昌的建议，乡试副榜与正榜同日揭晓，副榜生员准贡，也就是可以直接做"贡生"，具备基本的做官资格。于成龙二十三岁就取得了"副榜贡生"的身份，当然是很值得高兴的。而且他这个"副贡"，和那些靠年龄资历混上去的岁贡、选贡、恩贡比起来，含金量无疑是很高的。但他年纪轻轻，风华正茂，自然不愿意走"贡监"的冷途，还想继续拼搏，中举人，中进士，做翰林，博得更为高贵的做官资格。

崇祯十二年（1639年）以后，山西战乱和灾荒频仍，天下也开始大乱。有几个乡试年，但于成龙似乎都没有参加。他最后一次参加乡试，是在顺治八年（1651年）。于成龙这年春天就赶到了太原，和朋友一起复习功课，准备应考。

关于这个事，于成龙的学友稷山人武祗遹在《跋于山奏牍后》中说，他和永宁的于成龙、交城的张奋云是多年相交的好友。顺治八年（1651年）春天，三人同在太原崇善寺居住学习，准备应考。因为崇善寺处在闹市区，歌舞管弦，十分喧嚣。三个人厌烦不已，在朋友荆雪涛、时泽普等人的帮助下，又住到太原城北前明晋王开办的莲池东书院去学习。当时的学习情况是"晨夕琢磨，以希一遇"，也就是想在秋天的乡试中光荣中举。另外，朋友们在一起，也私下讨论了很多话题，比如改朝换代和出仕新朝这些最敏感的问题。于成龙著名的"天理良心"命题，就是在这时候向朋友们提出的。

秋季的考试并不顺利，于成龙和武祗遹、张奋云三个人都落榜了，铩羽而归。科举考试有很大的偶然性，八股文风时有变迁，考官的兴趣爱好也各自不同。考不上不一定是没有才华，但毕竟是很丢脸。武祗遹记载说，这次乡试失败后，三个好朋友都很灰心，回乡后都闭门家居，羞于见人。不过，他们三人还是经常通信来往，互相规劝砥砺，并没有放弃原来的志向。

于成龙回乡之后，都干了点什么呢？有人说，他在永宁州大武镇那座著名的木楼里教书，赚点微薄的束脩银子养家；有人说，"贵人遭磨难，于成龙砍过炭"，好像是下过煤窑当过矿工；还有人说，于成龙卖过酒……于家在明朝时候，应该还是比较富裕的。经历了明末清初的大战乱大动荡之后，很多有钱人家的都败落了，于家也不可能例外。

于氏家族虽然是书香门第，但科举成绩一直不是太好。考上秀才，做到贡生、监生的有不少，考上举人和进士的微乎其微，于时煌还是希望两个儿子能够去做官。大儿子于化龙首先考取了"候补知县"的资格，但没有等到正式上任，便在顺治十一年（1654年）去世了。父亲于时煌进入了垂暮之年，又丧了长子，白发人送黑发人，境况好不到哪儿去，需要于成龙在家侍奉，管理家业，于成龙便只好以孝道和家业为重。他曾说："吾永宁地土硗瘠，而天时又亢涝靡定。"意思是永宁这地方土地贫瘠，水旱灾害比较多，农业生产很艰难。他还说做家长应该"率其佃仆，及时耕种，及时耘耨。宁先时，毋后时。仍不时亲身董率，勿自家懒惰，委之家人"。在农忙时节，他自己也会亲自下地劳作。当然，闲下来的时候，于成龙难免会再到安国寺住上几天，潜心读书，继续培养自己的道德学问。

人到中年才出仕

顺治十三年（1656年），于成龙四十岁了。这一年，他以"副榜贡生"的身份，到北京去了一趟，参加吏部的考试，获得了一个"候补知县"的新资格。这次行动，可能是出于官府的督促，可能是出于老父亲的命令，也可能是于成龙积极主动去的。但父亲于时煌太老了，于成龙暂时不想补缺上任。便回乡继续侍奉父亲，为父亲养老送终。到顺治十五年（1658年），于时煌病故，于成龙因为要给父亲守孝三年，还是没有急着出去做官。他有一首五言古诗《老女吟》，收录在其《诗集》的第一篇。这首诗表面上是用同情怜悯的口吻描写一位过龄未嫁的老姑娘，但实际上寄托了于成龙自己中年未仕的身世之感。

清朝顺治十八年（1661年）春天，守孝三年完毕的于成龙，以"候补知县"的身份，到北京参加吏部掣签，正式进入仕途。这年他四十五岁。

所谓的吏部掣签，也就是通过抽签方式，决定到哪个省任职。于成龙的运气差极了，抽了一支"下下签"，被分配到了刚刚纳入清朝版图不久的广西省。广西省，当时习惯上称之为粤西，是一个极其偏远的烟瘴之地，又是一个多民族杂居的险恶之地。去那里做官，和充军发配差不多，简直是送死，这就是他多年追求的目标吗？于成龙自己也觉得确实挺倒霉挺丧气的，后来在《治罗自纪》中回忆当时的情形："亲者不以为亲，友者不以为友，行李萧条，自觉面目可憎。"

朋友的劝阻

顺治十八年（1661年）四月，盘缠用光的于成龙，用赊账的方式，从北京的脚行雇了骡马脚夫，带着复杂的心情，赶回自己的家乡永宁，为上任做准备，一路的饭钱店钱，也由脚行先垫着。

行到山西清源县，也就是今天的清徐县。内心忐忑的于成龙终于忍不住想找朋友聊一聊，听听朋友的看法，让朋友给出出主意，自己应该怎么办才好。但在内心深处，于成龙是想听到鼓励的。同年好友王吉人，是清源县人，早早地中举做官，担任过浙江萧山知县和江苏苏州府同知，如今正"丁忧"在家。他是官场上的老手，阅历丰富，熟悉南方的情况。于成龙便去他家里拜访。

王吉人为人"慷慨仗义"，可能很隆重地招待了于成龙，也可能还帮他结算了脚夫钱。酒席宴间，两人谈起了任职广西的事情，没想到王吉人坚决反对于成龙上任。他给于成龙讲述了广西省的各种情况，比如气候湿热，瘴气弥漫，影响人的身体健康；多民族杂居，风俗语言不一，打斗抢掠严重，人身安全没有保障；居官偏远，升职不易，等等。王吉人最后说，既然于成龙家境还比较富裕，日子能过得下去，那就没有必要到广西冒险。把上任文凭缴还给吏部，从此和官场说再见。

于成龙喝着闷酒，低头不说话。后来他在《治罗自纪》中回忆当时的心态说："成龙时年四十五，英气有余，私心自揣，读书一场，曾知'见利勿趋，见害勿避'，古人'义不辞难'之说，何为也？"

意思是自己当时有一种英雄豪气，信心百倍，很认同圣人经典中所说的君子"见利勿趋，见害勿避""义不辞难"等观点，觉得凭着自己的热血和勇气，一定能够战胜那些所谓的困难。

王吉人见于成龙低头不语，知道于成龙是执拗的性格，也就不再多劝。最后，双方互道珍重，洒泪而别。

典田卖屋凑盘缠

顺治十八年（1661年）五月三日，于成龙回到了来堡村。他把求官的情况向老母亲和妻子儿子诉说一番，全家人自然又是一番情绪激动，悲悲喜喜，喜喜悲悲。喜的是于成龙终于做了现任官了，悲的是天涯万里，也许就一去无归。好在老母妻儿都是支持于成龙做官的，没有人提反对意见，没有人让他辞官不做，大家都开始默默地做准备工作。

永宁到广西，六七千里地，一路上需要不少盘缠钱。家里现银不足，就典当出售了一部分田地和房屋，凑足了一百两银子。于成龙年近半百，到任上不能没有人照顾生活，派妇女去又不方便，就雇用了五个年轻力壮的小伙子做仆人。其他的，如骡马、衣服、被褥、文具、书籍、常用药品、日用器物等等，自然也要准备齐全。

临行前一天，于氏家族设宴为于成龙饯行。族中长辈对于成龙说了很多鼓励的话，大家频繁劝酒，欢饮到深夜。于成龙扶醉归家，刚刚躺下不久，天就亮了。起床后，于成龙把大儿子于廷翼郑重叫到身边。这一年廷翼虚岁二十六，早已经进学成为秀才，可能也已经结婚生子了。廷劢这年十五岁，廷元才八岁。但廷翼一向没有管过家务，没有见过世面，还腼腆得像个大姑娘。于成龙把家里的地契房契整理到一堆，一件一件地向于廷翼交代。从此以后，于家的家长就不再是于成龙，而是年轻的于廷翼了。他不仅要照管好自己的小家庭，还要孝敬祖母和母亲，关心教育两个弟弟，管理经营家里的产业，甚至还要照料伯父于化龙一房后代的生活。

于成龙说了两句感伤的话："从此以后，我在外做官，管不了你们，你好好治家，也不用想念我了。"这真是撕心裂肺之语，老母李氏、妻子邢氏、儿子媳妇，有的在屋内，有的在屋外，听见这番话，全都放声大哭。于成龙后来回忆说："壮士非无泪，不洒离别时，此不情语也！"

家事嘱咐完毕，于成龙向老母亲李氏磕头告辞。然后，带着行李仆从，骑着马，满面流泪地踏上了旅程。身后相送的，仍然是一阵一阵的哭声。

发誓不昧天理良心

于成龙一行六人，离了永宁，一路南行，不久来到晋南的稷山县，看望老朋友武祗遹。于成龙前往广西，不一定非从稷山县经过，他是专程来看望老朋友的，同时也有一番心里话要向武祗遹倾诉。根据武祗遹的记载，当时于成龙"毅然"地说了这么一段名言："我辈虽无科第身份，上古之皋、夔、稷、契，岂尽科目中人耶？我此行决不以温饱为志，誓勿昧'天理良心'四字。子素知我于莲池书院者，敢为子质言无隐。"

这段话被后世认为是于成龙的"上任名言"，也可以说是"从政誓言"。在某些传记资料中，把这段话记载为于成龙上任前夕给朋友写信

于成龙故居

说的，字词稍有差异。但当事人武祗遹在于成龙去世后撰写的回忆文章《跋于山奏牍后》，明确指出于成龙在上任途中到了稷山武宅，当着武祗遹的面亲口说的这段话。现在我们稍作解读：我们这些人，虽然没有通过科举，考上举人进士，但上古时代的皋、夔、稷、契等大贤臣，难道都是进士出身不成？我这番出仕，绝不是为了一家人的温饱和富贵，我发誓要不昧"天理良心"四个字。在太原莲池东书院读书时，你就知道我的理想，所以今天我敢对你说心里话。

　　于成龙这段话，其实颇有负气的意思。首先，没考上举人进士，是他一块心病，所以这时候以古贤臣为榜样，发誓要干出个模样来，让那

于成龙故居桃叶卫矛树

些进士出身的人看看，贡生并不是没有水平。其次，做满人朝廷的官，也是他的一块心病，很多汉人都还在秘密反抗清朝呢，他倒跑去投靠异族了，难道是为了追求荣华富贵？所以他发出誓言，此行绝不是为了"温饱"问题。第三，他提出"天理良心"四个字，把这四个字作为考量他言行的最高标准，不管别人如何议论，他于成龙是要坚守"天理良心"的。第四，关于"仕清"这件事，当年在莲池书院读书时，于成龙和武祗遹、张奋云、荆雪涛、时泽普等人是讨论过的。忠于"一家一姓""一国一族"只是"小忠"，忠于"天理良心"才是"大忠"。这是他们这批人投身清朝、致力于开创太平的思想基础。

第二节　清廉知县成名吏　破败罗城改旧观

富家出身的于成龙，刚一做官，就面临了人生的最大困境。先被分配到最偏远的广西省，又被分配到最荒凉的罗城县。本人饱尝病痛，仆人闹事回家，于成龙就是在这种艰难的条件下开始了自己的廉吏能吏之路。他在罗城工作了七年，不仅保住了性命，还做出了巨大的政绩，获得了百姓的爱戴和上级的赏识。最后在官吏考核中被举为"卓异"，成为清初官场上一位基层"名吏"。后人评价说，于成龙"一生得力在罗城"，正是异常艰苦的罗城环境，造就了于成龙的卓绝品格。

大病消磨了英雄气

于成龙一行六人，在稷山县告别了武祗遹，继续沿驿路南行。长途跋涉，鞍马劳顿，气候变化，水土不服，这一路果然走得十分辛苦。走到号称"湘西南门户"，即今永州市政府所在地的冷水滩时，眼看就要进入两广地面了，于成龙却身染重病，痛苦不堪。这是他出仕途中的第一场大磨难。

仆人们在冷水滩求医问药自然不必说了，于成龙的病体却没有好转迹象。他是个倔强的人，不愿意耽误行程，就拖着病体，继续往前走。离了冷水滩，很快就进入广西省。当时广西省会在"山水甲天下"的桂林府，于成龙要到那里拜见广西巡抚和其他省级官员，办理报到手续，并确定自己的任所。他拖着病体去报到，布政使、按察使等长官们看见他的样子，都咋舌不已。长官们便奉劝于成龙不要急着赴任，就在条件较好的桂林城里暂住一些时日，把病养好了再说。

于成龙生性倔强，谢绝了长官们的好意，执意要带病赴任。长官们只好随他的意，把他分配到柳州府罗城县。在广西省里头，罗城县属于极偏远极恶劣的地方，顺治十六年（1659年）才纳入清朝版图，派了两任知县，死了一个，跑了一个，现在县里头还是无政府状态。这个分配对于成龙来说，无疑又是一次沉重打击。他后来回忆说："抱疴之人，至是胆落。往日豪气，何从得来？"

本来他就是仗着一点英雄豪气，才硬着头皮来广西上任的。老天爷好像在故意刁难他："你不是有豪气吗？到罗城去试试豪气！"这一通"杀威棒"，打得于成龙心惊胆寒，但事情还没有完。于成龙办完省里的手续，继续赶路，前往管辖罗城县的柳州府，那里是唐朝时候山西老乡柳宗元曾经担任过刺史的地方。于成龙有一道上任手续要在柳州办。柳州盛产好棺材，民间一向有"生在苏州，穿在杭州，吃在广州，死在柳州"的俗语。赶往柳州的路上，于成龙病情加重，几乎到了死亡的边缘，好像就是奔着柳州的棺材去的。但他被病痛折磨了好久，却又活过来了。用于成龙自己的话说是因为"苦孽未尽不速死"，他把生病理解为前世恶业的报应，因为恶业太多，报应未完，所以不能马上就死。这种观念，也许带给他很多精神安慰。到达柳州后，他的病情有了好转。

罗城县遍地荒草

在柳州办理完赴任手续，接下来就要赶往目的地罗城县了。这种偏远地区，官方修建的驿道驿站不太完善，于成龙一行人只能凭着大概的方向，一边走一边问，越走越艰难。进入融县地面，听说融县的沙巩与罗城接壤，于是又找路赶到沙巩。到了沙巩，仍是无路可循，不知道罗城在什么方向。

这时候，于成龙遇见一位"许乡老"。于成龙向许乡老仔细盘问，方才知道对面的大山就是罗城县境。主仆六人费尽力气爬上山顶，向罗城境内眺望。这一刹那，倔强的于成龙彻底后悔了。王吉人的忠告忽然涌上了心头，再也挥之不去。

罗城县境内大小山峦起伏林立，看上去像营阵一样。满目都是茂密的蒿草，看不见人行的道路。用于成龙自己的话说是："山如剑排，水如汤沸。"主仆六人应该是放声大哭了一场吧。于成龙在《治罗自纪》中写道："哀哉！此何地也！胡为乎来哉？悔无及矣！"

这时候掉转马头回去，已来不及了。弃官逃走，那是要承担法律责任的。于成龙想，罗城边界可能真的人烟稀少，到了县城附近，应该会繁华一些吧？不如就进去看看。一路斩草而行，终于在顺治十八年（1661年）八月二十日抵达罗城县城。用于成龙后来的话说是"可怜黄茅，直抵城下"。从边界到县城，都是一样的荒芜。

这是一座规模不大的城池，周长二里有余。(《清史稿》言当时罗城并无城郭廨舍，《读史方舆纪要》则记载了罗城城池的规模，笔者从后者。)进城之后，也是一片狼藉，房屋虽然有不少，但十室九空，残破不堪。数了数，住在城里的只有六户人家，全都是走不了的老弱病残。

一行人灰心丧气地寻找住宿地。终于，眼前一亮，看见了一座关帝庙。啊，这也是咱山西老乡啊！关老爷是山西解州人，从宋朝以后一直受到朝野各处的崇拜，明清时代崇拜更甚，到处都建有关帝庙。又是"他乡遇故知"，不如就先住到关老爷家里吧。关老爷的部将周仓，据说是山西平陆人，也是老乡，仆人们就把于成龙的床铺安置到周仓神像的背后。于成龙是有信仰的，到此免不了向关老爷和周仓上三炷香，拜上几拜，请求支持保护。

住了一宿，第二天一早到县衙上任。这座可怜的县衙是前任知县修建的，简陋得如同农舍一般，周边都是茂密的竹林和杂草。没有大门、仪门、两墀，迎面就是茅草搭建的三间堂屋。东边一间是宾馆，西边一间是书办房，中间是审案办公的大堂。大堂背后有门，通向后院。后院也有三间草屋，是知县的宿舍，连围墙都没有。一些传记资料说，这座官衙好像处在原始森林，大白天都能看到老虎、猿猴等野生动物跑来跑去。北方人初到这种地方，还不被吓得半死？

罗城自从上一任知县逃走，一直处于无政府状态。但县衙里应该还有逃不走的本地衙役在看守，等待新任老爷。于成龙简单地办理了上任手续，让为数不多的几户罗城人知道新任知县于老爷到了。然后就着手料理自己的生活，把后院的三间草房修理修理，勉强住下。没有做饭的锅,就在城里找了一个破瓦罐,挖了个地灶,先凑合用着。

于成龙到此还是后悔不迭,不断发出哀叹:"哀哉!此一活地狱也!胡为乎来哉!"

心情不好,病势自然越发沉重。五个仆人一路辛苦跟来,本来想着除了工钱,到县里还能有些赚钱的机会,谁想到罗城像活地狱一般,不是人待的地方,大家自然也是满腹的怨言。

仆人们不死即逃

于成龙卧病在床,一躺就是一个多月。他虽然是老爷,到此时也只得饱看仆人的冷脸。仆人们对于成龙的照料还算周到,只是都没有好心情好脸色,成天落泪想家。一个多月后,于成龙病情好转,逐渐恢复了健康,用他的话说是"无如罪孽未尽,死而不死"。但五个仆人却又病倒了,一个个面黄肌瘦,如同寺庙壁画上的饿鬼。不久就病死了一个,其他几个越发地惊恐不安。

到了康熙元年(1662年)正月,仆人们开始闹情绪,要求于成龙放他们回家。于成龙想了想,自己运气太差,流落到这么个鬼地方当官,仆人们有什么罪过,凭什么要连累他们呢?不如就放他们逃生去吧。这时候,有一个名叫苏朝卿的仆人义正词严地表示:"若今生当死于此,回去亦不得活。弃主人流落他乡,要他们何用哉!"

于是,苏朝卿就留下来伺候于成龙,其他三人领了些盘缠,急急地逃回家乡去了。

这时候，于成龙再一次后悔了。只有一主一仆，在罗城县实在是没法生活，更不要说好好当官治民了。他向上级写了一封公文，请示道："边荒久反之地，一官一仆，难以理事，乞赐生归。"意思是你放我们活着回家吧。上级没有答复，估计是置之一笑，让于成龙"既来之，则安之"，就老老实实地在罗城待着吧！

三名仆人历尽千辛万苦回到山西永宁，向少爷于廷翼汇报了罗城的情况。廷翼也真是孝顺，又花钱雇了四名仆人，让他们到罗城伺候于成龙。这四名仆人走了几千里路赶到罗城，没几天就病死了三个，剩了一个也发疯了，成天狂呼乱叫，闹着要回家。这可把于成龙难住了，病仆一个人是走不回家的，需要让苏朝卿陪着走，但苏朝卿走了，自己一个人可怎么办？于成龙征询苏朝卿的意见，苏朝卿以前说过大话，这时候其实也早就想家了，恨不得马上就飞回去。

于成龙长叹了一声，发放盘缠，让苏朝卿带着病仆回山西去，只把自己一个人留在了罗城。

这时候的于成龙，真是可怜到了极点，无奈到了极点。白天，要自己洗衣，自己煮饭，为了方便，经常只吃一顿饭，闲了才吃两顿。晚上睡觉时，为了防备盗贼和野兽袭击，头下枕一口刀，床前插两支枪。也许嘴里还要念一点观音弥陀、《太上感应篇》，请神灵多多保佑吧！这哪里像是在做官做老爷，简直就是中国版的"鲁滨孙"了。

所谓"天将降大任于斯人也，必先苦其心志，劳其筋骨，饿其体肤，空乏其身，行拂乱其所为，所以动心忍性，增益其所不能"。兵法又说"置之死地而后生"。命运把人到中年的于成龙抛弃在这么一个随时都会死亡的绝地之中，同时也把他放在了"天下第一廉吏"的起跑线上。

人生的道路，该往哪边走，就看于成龙的了。

立意修善，以回天意

身陷绝地以后，于成龙曾经到罗城的城隍庙里真诚祈祷，说自己平生没有做过一点亏心事，希望城隍老爷能保佑他平安离开罗城。而且，一向虔信宗教的于成龙，认为自己之所以赶上这么一个极坏的运气，都是前世的"恶业"，是遭到报应了。所以，他要"立意修善，以回天意"。而"立意修善"，就要从罗城的治理开始，就要从"爱民如子"开始。

在这种多民族杂居的边荒州县，"天朝大官"一般都采取"盛气凌人"的统治风格。也就是要端起官架子，拉起面孔，拍响惊堂木，让人充分感受到"天朝"的威严，产生恐惧的心理。这样的官，老百姓确实会感到害怕，同时也可能服从，但却会疏远他。等到时间久了，老百姓发现县太爷——这头"黔之驴"——并不是天上的神仙，他判断官司有时会糊涂，面对金钱有时会贪婪，面对百姓造反会吓得瑟瑟发抖。这样，那虚假的官威很快就会化成泡影。

于成龙是另外一套风格。他待在自己的破衙门里，不喜欢穿官服戴官帽，不喜欢摆官架子，成天不是烧火做饭，就是读书喝酒，很像一个普通的平民老头子。罗城县的老百姓有时到官衙里来欣赏这头外地来的"大熊猫"，于成龙便和颜悦色、比比画画地和老百姓聊天，和老百姓交朋友。于成龙说的是吕梁山里的永宁方言，百姓们说的是罗城县的民族语言，双方要充分沟通，还真是很困难。但凭借着手势、眼神、笑容，总算是能够做一点沟通。百姓们多多少少也能懂一点汉语，衙门里的差役也有懂民族语言的，时间久了，于成龙和百姓的沟通，也就没有大问题了。沟通好了，罗城县的公务慢慢也就容易办理了。

首先要解决治安问题

罗城县当时最主要的问题，是盗匪多，治安状况极差，百姓的生命财产安全没有保障。熟读经史的于成龙，面对这个问题，自然是成竹在胸。他采取了一套"霹雳手段"，三下五除二，就做出了成效。于成龙运用的是中国历史上著名的"保甲法"。这种制度，历代演变不同，我们这里只作一点简单介绍：将境内的平民百姓，按照居住地，编成一种准军事化组织，比如五家为一保，十家为一大保，或者几家为一保，几保为一甲等等。保有保长，甲有甲长，层层领导，层层管理。对外是防御盗匪，一有匪情，便鸣锣击鼓，大家拿起棍棒兵器，团结起来一起出击，就像民兵组织一样，让外来的盗匪不敢轻易进犯。对内是严格管理，保甲内的人员情况，保甲长要详细了解登记，百姓外出办事，也要汇报请假。如果有违法犯罪行为，保甲内各家各户要及时规劝、制止，无效则要向上举报，隐瞒犯罪事实不报的，事发后大家要"连坐"。在乱世，这是一种保障大家安全的必要手段。

于成龙是雷厉风行的人，对付违法犯罪绝不手软，所谓"治乱世用重典"，谁敢犯到于老爷手上，那就立即砍头示众。于成龙要求百姓平时不许携刀带枪，不许肆意械斗，通过几个案例警示，很快就执行下去了，良民百姓都愿意遵守于老爷的法令。

"保甲法"推行以后，社会秩序有了明显的好转。那些流窜作案的盗匪，渐渐就难藏踪迹。这时，我们不得不佩服老贡生于成龙先生，他居然是位侦破缉捕的高手，这些本事都是从哪里学来的？我想，历代的《循吏传》《良吏传》乃至《酷吏传》，他绝对是读得滚瓜烂熟。他在罗城县初试牛刀，带着为数不多的衙门差役，在各地保甲长的配合下，一宗一宗地破案，抓捕，审理，处决，示众。

没过多久，社会治安好了，政绩也做出来了。上级官府对他的行为表示赞赏，明确给他授权：大型盗案破获后，把人头解送到省里请功；小型盗案不用上报，自行处决便是。这就是他后来写的"大事杀了解省，小事即行处决"。

冒着风险平息外患

消弭了境内的盗匪，社会风气为之一转，老百姓也长出一口气。但罗城县还有外患，邻近的柳城县西乡镇，有一大股盗匪，实力雄厚，历代为盗，可能是少数民族部落。他们经常入侵罗城县，烧杀抢掠，机动性又很强，抢完了就立即出境。罗城县管不着他们，柳城县呢，本来就惹不起这帮人，再加上人家也没有在柳城作案，就更管不着人家。

于成龙是了解朝廷法令的，这样的事情，不是自己能管得了的，只好向上级汇报。上级官府呢，对这样的越境作案也很头疼，又不是公开举旗造反，另立为王，怎么能动用大兵征剿呢？如果只派少量的兵马去，明显打不过熟悉地形的本地人。盘算半天，只好装聋作哑，把于成龙的请示放在一边，让于成龙自己看着办。办好了是大家的功劳，办砸了是于成龙一人的罪过。

于成龙反复思量，如果不严厉打击这股境外盗匪，他们只怕会得寸进尺，其他盗匪也会学着榜样越境作案，让县官望而兴叹。罗城的老百姓这么服从自己的法令，这么配合自己的工作，成天盼望着过太平日子，自己怎么能不处理好这件事呢？问题的难点是，没有朝廷的命令，越境开战，即使大获全胜，回来也是死罪一条。明清时代是中央集权制政府，一切权力归朝廷，一切权力归皇帝，地方官是没有什么自主权的。如果地方官能够随便募兵打仗，那不就成了割据一方的藩镇和军阀了吗？

这个难题，似乎是老天爷在考验于成龙。你不是爱讲"天理良心"吗？这个时候你问问自己的"天理良心"，该不该打这一仗？于成龙终于有答案了："杀头就杀头吧！奋不顾身，为广大百姓的安宁生活而捐躯，总强于患病死于烟瘴吧！自己这把老骨头，还能活几年呢？"

罗城百姓在多年的战乱中，本来就具备了一定的武装力量，家家藏有刀枪。这时候被于成龙组织起来，统一训练，准备进剿西乡。于成龙还杀牛盟誓，计算了一下被西乡盗匪残杀的百姓人数，要求大家有仇报仇，有怨报怨，要和敌人一命抵一命，勇敢作战。为了保障进剿成功，于成龙还组织百姓修了一条通向柳城西乡的道路，让自己的民兵能够进退自如。

这场越境战争最后并没有真的打起来。于成龙的《治罗自纪》说："渠魁俯首，乞恩讲和。"当时的情况是，于成龙练兵修路，声势浩大，柳城西乡的少数民族首领闻讯后害怕了，赶紧派人来讲和。他们愿意把以前从罗城掳掠的人口、牛只、财物尽数归还，从此再不侵犯。同时也希望罗城方面能够有所妥协，每年十月以"犒赏"的方式，送给他们一些牛只、布匹和美酒，这就叫"化干戈为玉帛"。这些条件，于成龙和罗城人民能够接受，双方就签订了协议。看样子，柳城西乡的盗匪也不是甘心做强盗，只是为生活所迫，目无王法，以掳掠维持生计而已。

于成龙虽然签订了协议，但态度仍然十分强硬，要求对方认真写下保证书，并找保人签字画押。表明，如果你们以后胆敢犯界，那我绝对会立即进兵征剿，赶尽杀绝。此后，罗城边界基本宁静，但小型摩擦仍时有发生，于成龙果然说到做到，对犯界者毫不手软。少数民族的人不怕死，但害怕剥皮，于成龙就以剥皮为手段，逐渐制服了这些部落，保障了罗城人民的安宁。

于成龙的这一政绩，也获得了上级官府的嘉奖。上级觉得于成龙办事果断，效果明显，真让领导省心，开始厌烦其他州县请示汇报、等待上级派兵的做法了。

对百姓是一副慈悲心肠

于成龙维持社会治安时用的是"霹雳手段"，似乎是杀人不眨眼，剥皮不心痛，活脱脱一个"酷吏"形象。这样的清官太厉害了，似乎不算是讲"天理良心"的。其实，于成龙是两害相权取其轻，不得已而为之。用严厉手段打击了少数人,换来的是多数人的平安生活。他还有春风和煦的另一面,霹雳手段与慈悲心肠,在他身上是合而为一的。

平民百姓务农为本,只要社会治安好了,盗贼绝迹了,农业生产自然而然就逐渐恢复起来了。于成龙作为一县之长,有"春郊劝农"的职责,用现在的话说,就是视察指导农业生产。

每年春季,他征调几名瑶族差役,抬着一架竹滑竿,自己坐了下乡,到各地去察看。在田间劳作的百姓们看见县太爷来了,都跑过来围成一圈,拜伏于地,嘘寒问暖,非常热情。于成龙虽然没有种过稻子,但也是懂农业的,看谁家的田地经营得好,就表扬一番,给这家题一个匾,写一副对联,鼓励他们好好干。看谁家偷懒不耕种,就动员左邻右舍去好言劝告,恶言辱骂,总要把这家的人轰到地里干活去。于成龙是穷老爷,手里没钱赏人,就靠这些朴素的手段,奖勤罚懒,动员大家把生产搞好。不几年工夫,荒芜的罗城就变得"禾穗被野,牛羊满山",大家都过上了温饱的生活,经济一天天地繁荣起来。

于成龙也很重视县城的建设。他号召百姓搬家到县城居住。谁家有乔迁之喜,他也会题个字,写个匾,写个对联,表彰鼓励一下。另外也组织百姓修缮城墙,疏浚护城河,让人住在城里有安全感。县城终于有了个县城的样子。后来几年,罗城县渐渐繁荣起来,于成龙又修建了学校,招收百姓子弟读书学文化,让他们参加科举考试。又修建了养济院,收养民间的孤寡老人。

于成龙还很注意和老百姓搞好官民关系。百姓家的婚丧大事,于成龙都尽量去参加,送一份薄礼,讨一杯水酒,一点儿也没有官老爷的大架子。他还借机劝导大家讲究礼仪,节俭办事,不要奢侈浪费。老百姓也都把于老爷当成是自己人，过上三天五天，就跑到县衙看望看望，帮助于老爷干干活，安慰安慰于老爷的乡愁。听说于老爷很久没有收到家信，了解不到家乡亲人的情况，大家就跟着一起难受，一起痛哭，好像自己也漂泊到了异乡。

阿爷不要火耗银

征收赋税，也是于成龙的主要工作。

当时官府的陋规很多。朝廷的政策本来是轻徭薄赋，与民休息，但地方官俸禄微薄，不够花销。像于成龙这样的正七品官一年才四十五两银子，地方官府也没有什么活动经费，所以就形成了不成文的规定：以碎银熔铸银锭时有损耗等理由，征税时加收一笔数量不定的"火耗"银。征收赋税时，也常在砝码升斗上做手脚，尽量多收一点，充实自己的"小金库"。于成龙在这件事情上严肃认真，完全遵守朝廷法令，赋税不加收一丝一毫。为了防止差役暗中取利，于成龙都是坐在大堂上亲自征收，老百姓直接把银钱交到于成龙手里，于成龙则直接把收据写好发给百姓。称银称粮的砝码升斗，都以户部统一颁发的为准，绝不欺瞒百姓、伤害百姓利益。

罗城县的老百姓，哪里见过这么讲天理、有良心的官老爷？他们知道于成龙的生活十分清苦，心里十分过意不去，在缴纳钱粮时，常常会多带几个铜钱，顺手放到于成龙的桌案上。于成龙忙于公务，一开始并没有留心百姓们的小动作，后来发现了，便询问是怎么回事。

罗城百姓不好意思地说："阿爷不要'火耗'钱，我们稍稍提供点柴米钱总可以吧！"

于成龙坚决不收，百姓们坚决要给，最后于成龙破例一次，只收了一壶酒的钱，算是让百姓们请客。当时于成龙每天喝一壶酒，价值四文，他可能就收了这四文钱。后来百姓们再拿钱来，于成龙是坚决不收了。

有一年于廷翼来罗城探父，百姓们知道了，心想，肯定是于老爷家里穷得过不下去了，所以才派人来取钱，急忙凑了一些钱送过来，非要于成龙收下。于成龙委婉地说："我儿子一个人出门，带钱行路也不方便，还是拿回去奉养你们的父母吧。"

他和老百姓的关系，就处到了这个份上。于成龙后来总结道："时法令太严，有犯必杀；情谊为重，婚娶丧祭民间之礼，一行无不达之隐。罗城之治，如斯而已。"

在这段话中拈出八个字，就是"法令太严，情谊为重"，换句话说，就是对犯罪分子像冬天一样寒冷，对平民百姓像春天一样温暖，对犯罪分子用霹雳手段，对平民百姓用慈悲心肠。"两手抓两手都要硬"，封建官吏于成龙，就是这么一个超越时代的独特人物。他信奉的"天理良心"，在这里也得到了最好的阐释。

对胥吏毫不客气

罗城县生员严从龙控告县衙书吏胡安之欺诈百姓，并指责于成龙

"养奸宿蠹"。

面对百姓的指责，于成龙既没有恼羞成怒，也没有包庇下属，而是用自责忏悔的态度，依法处理了此案，给了严从龙满意的答复。

他在批示中说："如果不是你仗义执言，本县就会终身受到坏人的蒙蔽。本县去年到罗城上任，身边缺少能干的人才。只有胡安之周详安稳，谨慎勤劳，在众胥吏中鹤立鸡群，表现出色。本县因此信任他，把许多事情都交给他办。又见他办事认真，毫不苟且，矢勤矢慎，于是更加信任。没想到胡安之这些出色表现，原本就是要骗取本县信任的。先取得本县的信任，然后肆无忌惮地祸害百姓。本县读书多年，竟不能看透这个玄机，如果不是你来控告，至今还受蒙蔽……现在已秘密派人将胥吏胡安之拘押审办，特此通知你。"

这个案例的最终结果我们今天不得而知，到底是胡安之犯法，还是严从龙诬告，记载并不明确。在明清时代，衙门胥吏蒙骗长官、欺压百姓是常见现象，恶劣生员包揽词讼，挟制官府，也并不鲜见。谁是谁非在这个案例中并不重要，重要的是于成龙的为官态度。自己有了错误，敢于承认改正，下属有了错误，也敢于严肃处理，并不包庇、维护官府面子。

豪门大族也要守法

在朝代更迭，中央政府统治力量薄弱时，地方上的豪强大户往往会拥兵自卫，自行号令。从积极方面讲，能够保一方平安，从消极方面讲，就会滥用私刑，形成一定的黑恶势力，削弱官府的统治。

罗城县当时普遍存在这种情况，经过于成龙的一番整治，地方治安好转，民间的各种力量都俯首帖耳，开始当太平百姓。但大户人家藐视国法，自行其是，仍然是社会上的一种隐患。这些人家号称"总戎""侯伯"，都挂着朝廷的武职官衔，一向就比较强横。于成龙说："今威令已行，民知礼仪，此曹不悛，终不可为治。"

不久，有一家黄姓大户，犯到了于成龙手里，被于成龙抓了典型。事情是这样的，黄大户家一个年轻的家僮，违反了家规，大户先将家僮打了个半死，然后让人押着送到县衙，说明违规缘由，要求于成龙做主，将家僮斩首正法。我们在看影视剧乃至小说时，常会遇到这样的情节。大户人家对待下人，最严厉的威胁就是绑起来送官法办，好像官府是他们家的。

于成龙自然不吃黄大户这一套：你把人都打得半死了，还送到我这里做什么？该不该斩首正法，岂是你这土豪劣绅能够做主的？他仔细审问，了解到家僮犯的只是轻微过失，按律最多杖责一顿，并不是死罪。黄大户私自用刑，却也犯了王法，不能不追究。

于成龙拍案而起："你把家僮押送到官府，说明你懂得朝廷法律。但你擅自动刑，杖责家僮，却犯了'藐视官法'的罪。"下令将黄大户责打三十棍。黄大户连忙磕头告罪，请求宽恕。最后打了没有不得而知，但此举无疑为罗城的广大穷人出了一口恶气，知道官府是讲天理讲法律的，并不是和有钱有势的大户人家穿一条裤子，并不是不管穷百姓的死活。

体恤弱势的寡妇

关于寡妇的守节,现代人早就有了不同的看法,觉得不够人道,应该提倡寡妇再嫁。于成龙在这方面的主张比较矛盾,从传统道德伦理的角度讲,他支持寡妇守节,但从生活情感等方面讲,他又支持青年寡妇的自愿改嫁,并不是一个"老古板"。在封建时代,寡妇守节的积极意义是抚养孤儿,维护家产。某些不法之徒逼迫寡妇改嫁,目的也很简单,就是谋夺家产。寡妇是当时的弱势群体,需要家族、邻里乃至官府的保护照应。

罗城县发生了一宗小案子,寡妇沈宗氏的九岁儿子跑到邻居江峰青家里玩耍,挥拳打了江峰青七岁的儿子。事后,沈宗氏一面责打儿子,一面上门赔礼。但江峰青不依不饶,小题大做,非要告到官府,让沈宗氏赔偿他儿子的医药费。

这件事,本来就是沈宗氏理短,谁让你儿子打了人家儿子呢?适当赔偿少量医药费,也是说得过去的。但于成龙不这么看问题,他认为小孩打架,家长们各自管教孩子也就是了,江峰青这样大闹,分明是大男子仗势欺负寡妇,其心可诛。

他在判词中说:"江峰青所谓的延医调治,说白了就是讹诈医药费。沈宗氏是个寡妇,含辛茹苦,抚孤守节。你一个堂堂男子,做她的邻居,就应该尊敬她,佩服她,周济她的困难,原谅她的过失。你反而觉得孤儿寡母好欺负,你还有人心吗?本县是相信天道的,知道你将来免不了恶报,老婆孩子会沦落为寡妇孤儿。你儿子如果真的有伤,限三日内抬到县衙检验,由本县出钱给你儿子治伤,你不能再向沈家索要一丝半点;

如果无伤，就从此了事，不许争论；如果再要胡搅蛮缠，强词夺理，本县就把你抓起来惩办，以此警告那些欺凌孤寡的恶徒。你不要觉得本县存心厚道，就以身试法。"

从这篇判词中，我们也可以发现于成龙的思想习惯，爱用因果报应观念来教育人。

让有情人终成眷属

古时讲"父母之命，媒妁之言"，一般都是以父母之命为准的，婚姻的男女当事人并没有多少发言权。于成龙作为封建时代的官吏，按道理也应该尊重"父母之命"的习俗，但他却别出心裁，用自己的"天理良心"，成全了一对有情人。

事情是这样的：西门外居民冯汝棠，有个女儿名叫冯婉姑，美丽而多才，爱上了家里的塾师钱万青。两人情投意合，私通款曲，这在那个时代也算是出格的丑事。不过，钱万青是有情有义的人，正式托媒向冯家提亲，准备结成百年之好。这时候，城里头有个纨绔子弟吕豹变，看中了婉姑的美貌，他知道钱万青与婉姑私订终身，就买通冯家婢女，挑拨离间，为钱、冯二家制造矛盾。同时正式向冯汝棠提亲，聘礼下得很重。冯汝棠贪图吕家富贵，就答应了这门婚事，让吕家择吉迎娶。冯婉姑和父亲哭闹了几回，无济于事，只好上了吕家的花轿。在拜堂时，刚烈的冯婉姑拔出剪刀，刺中了吕豹变的喉部，然后趁乱跑到县衙告状。钱万青闻讯后，知道婉姑没有变心，也跑到县衙要求于成龙主持公道。

吕豹变呢，匆匆包扎好伤口，也跑来告状。一宗案子，三家都想当原告，只有冯汝棠几头不是人。

于成龙问明案情缘由，决定为这对有情人做主，便写下一段极有趣的判词，原文如下：

关雎咏好逑之士，周礼重嫁娶之仪。男欢女悦，原属恒情；夫唱妇随，斯称良偶。钱万青誉擅雕龙，才雄倚马；冯婉姑吟工柳絮，夙号针神。初则情传素简，频来问字之书；继则梦隐巫山，竟做偷香之客。以西席之嘉宾，做东床之快婿，方谓情天不老，琴瑟欢偕。谁知孽海无边，风波突起。彼吕豹变者，本刁顽无耻，好色登徒。恃财势之通神，乃因缘而作合。婢女无知，中其狡计；冯父昏聩，竟听谗言。遂令彩凤而随鸦，乃使张冠而李戴。婉姑守贞不二，致死靡他。挥颈血以溅凶徒，志岂可夺？排众难而诉令长，智有难能。仍宜复尔前盟，偿尔素愿。月明三五，堪谐夙世之欢；花烛一只，永缔百年之好。冯汝棠贪富嫌贫，弃良即丑，利欲薰其良知，女儿竟为奇货。须知令长无私，本宜惩究。姑念缇萦泣请，暂免杖笞。吕豹变刁猾纨绔，市井淫徒，破人骨肉，败人伉俪，其情可诛，其罪难赦，应予杖责，儆彼冥顽。此判。

判决是钱万青与冯婉姑成婚，冯汝棠免究，吕豹变杖责。

由这篇判词，我们便可以知道，成天研习理学、讲究"天理良心"的封建官吏于成龙老夫子，并不是面目可憎的"卫道士"，而是一位通情达理、亲切可爱的仁厚长者。

一文钱巧断月饼案

　　判断官司，本来应该是在事实基础上，讲法律，讲道理，合理合法才行。但有的官司，事实已经完全搞不清，法律和道理也就没法讲。在这种情况下，于成龙也有自己很灵活的处理办法，让判决合乎天理人情，让大家都能够坦然接受。比如这宗月饼案。

　　罗城县有一家老字号"月中桂茶食店"，在广西省内颇有知名度，卖的主要是糕点类食品。中秋节来临的时候，他们便大量出售月饼。这种月饼五文钱一个，比于老爷每天喝的一壶酒都贵。有位钱老太太，带着三百文钱，到"月中桂茶食店"购买了六十个月饼。一手交钱，一手交货。但当时店中顾客太多，店员孙小弟前后忙碌，失于检点，竟在这个节骨眼上出了差错。孙小弟坚持认为，钱老太太还没有付钱，钱老太太则坚持说，自己已经把三百文钱交给孙小弟了。双方争吵起来，店内顾客和店外居民都跑过来看热闹，一时间聚集了几百人，乱哄哄无法收场。

　　罗城县城本来就很小，在县衙里的于成龙很快就得到了消息，带人赶了过去。他控制住现场秩序，仔细盘问了钱老太太和孙小弟，也询问了当时在现场的顾客和店员，大家各执一词，莫衷一是。虽然只是三百文钱的小纠纷，但一时也把于老爷和现场所有人给难住了。

　　于成龙说："钱氏老太太，年过六旬，一向老实厚道，似乎不至于为了三百文钱而起赖账之心。何况，她出门时确实带了三百文钱，现在钱袋子已经空了，可见她确实是付了钱。"店员孙小弟一听，急忙喊冤。于成龙接着又说："月中桂是全省驰名的老字号，信誉良好，也绝不会因为三百文钱而欺负老太太。店员孙小弟，在月中桂工作八年，一向也是诚实可靠，更不会有诈财之事。看来，事实是这样的，钱老太太确实付了三百文钱，放在柜台上，而店中其他人乘乱顺手牵羊，偷了此钱，店员孙小弟并没有真正收到这笔钱。现在，如果让钱老太太再出三百文钱，未免太冤。如果让月中桂认了这三百文钱的损失，则怕开了先例，以后会造成店里更多的损失。"

于成龙看了看店里店外看热闹的几百人，笑着说："我看来店内购物者有三百多人，大家学学古代的鲁仲连，做做好事，排解纠纷，一人出一文钱，凑够三百文，了结此事如何？"

这件官司的事实已经难以搞清，于成龙很灵活地使这件案子得到妥善处理。现场每个人出一文钱，实在算不上什么损失，反而算行了一善。于成龙这种做法，其实是照顾了钱老太太，也救了孙小弟。如果按合法合理的判法，应该双方各认一半，钱老太太再出一百五十文，另一半由店里承担，而店里肯定会让孙小弟来承担，甚至还会因为出错而解雇孙小弟。

于成龙的判法，其实就是要大家挺身而出，付出善意，保护弱者。

巡抚金光祖的"红人"

康熙二年（1663年）秋天，广西乡试，于成龙临时被调到省会桂林担任帘官。因为其特殊表现，获得了广西巡抚金光祖的青睐。

于成龙是小官穷官，到桂林去的时候，衣装陈旧，行李简单，只有一件皮套（羊皮被子或者大衣之类）。带了一位随从，也是又老又丑，和这位穷老爷相映成趣。平时待在罗城，倒没什么感觉，一到桂林，会见各地官员，就显出寒酸来了。因为乡试是省城里的一大盛事，官员们像串亲戚做贵客一样，穿上最好的衣服，带着最中意的仆从，处处都要摆阔气、出风头。于成龙对此倒是很想得开，满不在乎，我行我素。他的《偶吟》诗云："石崇豪贵范丹贫，生后生前定有因。传语世间名利客，不如安命是高人。"

广西左布政使，俗称为"藩台""藩司"的，名叫金光祖，是汉军旗人。这个人脾气暴躁，对待下属非常严厉，动不动就要粗口骂人。但他是广西省的行政长官，下级官员们只好低头忍受。于成龙呢，是性情刚烈的北方硬汉，也不肯让人。在考场工作的那些日子里，只有他敢和金光祖顶嘴，也因此挨了更多的骂。《治罗自纪》中的原话是："时藩宪峻厉异常，辄欲诟詈属官。成龙心不平，居闱中屡以抗直，不少挫辱。"

但结果怎么样呢？于成龙不但没有因此得罪，反而引起了金光祖的重视。别的官员都是唯唯诺诺的，一副奴才相，反倒把于成龙衬托得鹤立鸡群。金光祖再一对照于成龙平时的政绩：哟！怪不得他敢顶撞我，原来他就是那位著名的"罗城令"啊！所谓"不打不相识"，两个人就惺惺相惜起来。

金光祖心态一变，眼光一变，再看于成龙就倍加可敬可爱。每天早晚，只要有了闲工夫，他就把于成龙请过来聊天，畅谈广西军政大事。于成龙原本一肚子学问，一肚子见识，这时候终于遇见了知音，也就大谈特谈，问啥说啥。把个金光祖听得心花怒放，请喝茶，请吃酒，这些在别的官员看来是"恩典"的好事，都陆续地降临到于成龙的头上。于成龙是个好酒之人，三杯过后，头脑发热，吹胡子瞪眼，谈起国家兴亡，民生疾苦，往往是义形于色，毫不顾忌。当时的官场上，哪里能见到这种率直的英才？

通过这次交往，罗城知县于成龙无疑成了广西左布政使金光祖跟前的"大红人"。不久，金光祖官升一级，担任广西巡抚，对于成龙当然是要格外照顾的。

按照朝廷的制度，布政使和巡抚，是没有权力直接调动提拔官员的。但可以通过变通的手法，临时调用于成龙代理别的官职，然后向朝廷汇报，请求批准。金光祖当然是想这么做的，他想把于成龙留在桂林，委以重任。但是，有人不答应啊！谁呢？罗城县的百姓，他们听说于成龙不回来了，就组织了很多人到桂林请愿，非要把于成龙请回罗城不可。结果，于成龙只好继续担任罗城知县。

《于清端公政书》中有一篇《对金抚台问地方事宜》，应该是当时谈话的文字记录。谈话时，金光祖还是广西左布政使，俗称"藩台"，不久后升任巡抚，就称为"抚台"了。这篇文章可能是事后的记录，所以称其为"金抚台"。笔者研读文章，感觉涉及内容重大而广泛，于成龙的回答相对简略一些，好多问题都只谈到处理原则，而没有提到具体解决方法，有些问题于成龙表示很为难，并没有办法解决，这都像是仓促之中的口头回答。金光祖是省级大员，平时关注的问题很多，于成龙只是偏僻地方的小小知县，对全省政务不一定有很全面的了解，只能从宏观原则上谈一谈。我们后人读史，既没必要求全责备，也没必要盲目称赞。对金光祖来说，于成龙的回答已经非常出色了，证明他绝不仅仅是个"知县"的水平。

后来，于成龙又向金光祖提出过很多重要建议，都得到了采纳和实施。最著名的建议是改革盐务，免除官府的销售任务，充分利用商业规律，减轻百姓的经济负担。金光祖又把这些建议向朝廷汇报，朝廷也采纳了其中一大部分。应该说，"七品芝麻官"于成龙通过口头和书面的议论，为当时的朝廷政治做出了一定的贡献。

有诗有酒不算苦

自从仆人们散去之后，于成龙在罗城的生活就显得极为艰苦。衙门里的公务，还有书吏差役帮办，个人的事务，比如做饭洗衣之类，就只有自己操劳了。于成龙小时候在家里当少爷，长大了当老爷，虽然不是生活在大富大贵之家，但也算衣来伸手，饭来张口，是享受惯了的人，而现在，一切都得从头学起。于成龙是相信命运的，他在罗城"立意修善，以回天意"，自己学着做家务，也算是惜福修行的一个法门。

不知道他四十五岁以前爱不爱喝酒，到了罗城之后，他每晚必须喝酒一壶。只买四文钱一壶的普通烧酒，大概也算是劣质的烧酒。手头钱紧的时候，每天就只喝半壶，反正是不能不喝的。南方气候湿热，于成龙每晚喝酒，应该有养生保健的目的，当然也是排遣愁闷的良方。他晚上喝酒时，不用下酒菜，连筷子也不用。拿出一本唐诗，一边念，一边喝。有时不念诗，自己拿纸笔写诗，边写边喝。有时候，想起了自己的身世、命运、故乡、亲人、朋友，忍不住悲从中来，就一边哭一边喝，喝到嘴里的，不知道是酒还是泪。

于成龙后来回忆，在罗城的生活是"天下有极苦之地，居之久而不为苦者"。罗城虽然贫穷破败，但山高皇帝远，无人管束，可以过得自由自在。自己吃粗食，穿破衣，想醉就醉，想哭就哭，上司看不见，百姓也不嫌。后来治理得法，条件改善，日子过得也好一些，和老百姓相处得如家人朋友一般，做一点好事，老百姓就会感恩戴德，有一点成绩，上级就会赞赏表扬。平时没有复杂的官场交往，过年过节不给上级送礼，上级知道他穷苦，也不会嫌弃。这种日子，倒也有一种特殊的乐趣。

第一次被举为"卓异"

康熙六年（1667年），于成龙因为政绩突出，被两广总督卢兴祖举为"卓异"，这是清代地方官员最为珍贵的荣誉和升官资本。

清代官吏考核的内容，分为操守、才能、政绩、年龄健康状况四个方面，简称为"守、才、政、年"。知府、知州、知县这些基层官员，还要考核其仓库是否亏空，赋税是否完成。这些内容，都不是凭空填写，而要根据相关的档案记录认真审查。

考核的成绩分为三等，一等为称职，二等为勤职，三等为供职。考核为一等的，还要"保举"。"保举"有比例，地方中下层官员大概是十五比一。"保举"被朝廷批准的，就称为"卓异"。

于成龙的操守和才能应该都不成问题，健康状况虽然不错，但年龄是偏大的。至于政绩，因为罗城是极穷苦的县，仓库、赋税方面，于成龙的完成情况可能不是最好的。所以，在知府、布政使、按察使这几层的"会核"中，给于成龙的评语并不是很高，没有将他列入"保举"名单。

任何严密的制度中，总免不了会加进人为的因素。于成龙的"会核"成绩不高，也有可能是某些官员对于成龙有偏见，故意压低了他的考语。而广西省的"一把手"巡抚金光祖，特别器重于成龙，在这件事情上动用了领导权威。他向布政使和按察使发脾气说："如果你们不把于成龙保举上来，那我就用'特疏'的方式向朝廷推荐他！"

布政使和按察使惹不起巡抚，只好重新撰写于成龙的考语，把他列为"一等保举"，向金光祖报上去。金光祖拿着名单，找两广总督卢兴祖商量"保举"的事，见面时免不了再向总督大人美言推荐一番。卢兴祖看着于成龙的考语，听着金光祖的汇报，忽然间就动了感情，深深地敬佩起这位信奉"天理良心"的基层小吏。他把考语中的"淡薄自甘"四个字郑重地用红笔圈了，向金光祖说："广西省今年就只保举于成龙一个人吧！"

自己喜爱的人才终于有了出头之日，金光祖当然十分高兴。假如保举成功，于成龙被朝廷批准为"卓异"，那就可以进京"行取"，被提拔重用，前途无量。金光祖作为举荐者，也会和被荐者结下一层类似于师生或者派系的亲密关系。所以，金光祖干脆好人做到底，为于成龙准备下一笔进京"行取"的盘费银子。

根据《清史列传》，卢兴祖和金光祖为于成龙撰写的保举评语是："罗城在深山之间，瑶玲顽悍。成龙洁己爱民，建学宫，创养济院，任事练达，堪列卓异。"

而《国朝先正事略》中的《于清端公事略》，将于成龙的罗城政绩评价为："在罗城七年，招流亡，修学校，增陴浚隍，定昏丧之制。"

《点石斋画报》载《于清端公轶事》

　　于成龙刚被举为"卓异",就因为在罗城任职逾期,依法应当提拔,被朝廷任命为四川省重庆府合州知州,算是连升三级。到合州没有多久,又因为罗城的"卓异"资格,再升一级,被任命为湖广省黄州府同知。于成龙在罗城吃了七年的大苦,但回报也是极其丰厚的。

第三节　同知不厌糠粥味　太守能当十万兵

从康熙八年（1669年）到十二年（1673年），于成龙从五十三岁到五十七岁，在黄州府同知的任上干了四年。按照知府大人的安排，于成龙平时不住黄州城，而是镇守在麻城县歧亭镇（今湖北省麻城市歧亭镇），独立管理一部分事务。

黄州这地方有个特殊情况，盗案非常多，于成龙的主要责任就是"捕盗"，其他的民事可能也分管一部分。后来，可能是因为"捕盗"成绩突出，有了名声，还兼理了"黄汉捕务"，也就是说黄州府和汉阳府的"捕盗"工作，全归他管，这算是个很例外的任命。因为于成龙是黄州府的"二把手"，当地官民在口头上，就称于成龙为"于二府"。有时候用赞美的口气，称为"青天于二府"。后来，黄州人编了一本《从好录》，专门记载于成龙在黄州的各种事迹。

不习富裕的环境

对于成龙来说，升官本来是好事，调动到富庶地方任职应该也是好事，但却另有一种难言的苦楚。在罗城和合州，环境恶劣，生活穷苦，但都是当"一把手"，山高皇帝远，没人管束，可以生活得自由自在，执政办事也有诸多方便。可到了黄州就不一样了，他在《初至黄郡与友人书》中，哭笑不得地陈述：

  若夫黄州则不然：居郡丞之位，履文物之邦。署宇严肃，役胥罗列。士民聚观，耳目杂沓。狐裘黄黄者，同寅也；衣裳楚楚者，属邑也。莅斯土者，主尚可布衣而步行乎？仆尚可挑水而运柴乎？为之治其执事，备其伞盖，繁其交际，咸借贷以应。而冷署如冰，下无以为德，上无以为功，五穷环至，应接不暇，如之奈何？此居不苦之地而适为苦者也！

骤然来到繁华都市，有上司管着，有下级看着，普通百姓也会有一种挑剔的眼光。于成龙一介穷官，为了工作的方便，也不能够过于标新立异，坚持穿补丁布袍，坚持安步当车，必须得适当地从俗。同僚们穿狐皮大衣，自己差不多得弄件羊皮袍子吧？下级们衣裳楚楚，自己怎么着也得做到整洁大方吧？正五品的官，出门乘什么轿子，打什么伞盖，用什么牌子，跟几个随从，朝廷都是有规定的，你不能一概都免了吧？逢年过节,别人都要给知府大人送厚礼，你不得准备一点薄礼应付应付？同僚们家里有婚丧大事，不也应该应酬应酬？

要想在黄州长期工作，要想大家团结和谐，适当地从俗是难免的。但于成龙没有多余的钱啊，那就只好借吧。借债总要还钱啊，讲"天理良心"的于成龙这时候就觉得痛苦难受了！好在，他很快就做出了骄人的成绩。

智赚盗匪名册

黄州捕盗，是于成龙平生最精彩的故事。这些故事，同样带有强烈的于成龙风格：宽严相济，恩威并用。

于成龙刚到黄州，面对复杂的盗案，一时无从下手。他就决心招募一批有盗匪背景的人做差役，"以盗治盗"。著名的大盗彭百龄、"蕲黄四十八寨"首领之一刘君孚，都被他罗致到麾下，办理盗案。另外，还有个著名的盗匪头子叫汤卷，也投奔过来，并且利用于成龙的官方背景，继续为非作歹。于成龙知道汤卷的背景，但还是耐心说服教育他，并且经常请汤卷喝酒。

在酒席上，于成龙满面笑容地说："本府没有别的爱好，就是喜欢喝两杯，可惜一直找不到势均力敌的酒友。听说你酒量不错，咱们结为酒友如何？"

汤卷受宠若惊，连忙点头答应，表示愿意陪着大人喝酒。两人于是推杯换盏，开怀畅饮。看看酒喝得差不多了，于成龙便说："本府知道你精明强干，忠诚可靠，是个捕盗的能手。以后你要帮着本府破案，立了功，本府一定好好提拔你。"汤卷酒醉心不醉，连连点头答应，但没有进一步的表示。

于成龙知道汤卷还有戒心，便故意放开酒量痛饮，不一会便醉得一塌糊涂。这样，几次之后，汤卷认为于成龙很信任自己，慢慢就放下了戒心，也常喝得酩酊大醉。于成龙借着酒劲向他打听盗案的事，汤卷仍然是不露口风，只说自己工作很认真，但没有捕到盗匪。看来，两个人都是酒中的高手。

有一天，汤卷在于成龙那儿喝醉了，跟跟跄跄离开。于成龙则换了便服，在后边尾随。看见汤卷被同伴请进了一家酒店，于成龙也跟了进去，精明的汤卷竟没有发觉。汤卷和一伙来历不明的人继续喝酒，席间大声吹牛，从衣袋中掏出一本册子，指着册上的人名说："某某是会养爹娘的，我要好好照顾他……某某是爹娘指望不上的……"于成龙藏在旁边，听得清清楚楚。知道所谓的"会养爹娘"是指向汤卷行贿，"不会养爹娘"是指不向他行贿。这本册子，正是汤卷制作的盗匪名册。

第二天，于成龙继续请汤卷喝酒。汤卷这次十分放肆，喝醉后大谈自己的犯罪往事，说自己以前做过强盗杀过人，当捕役后讹诈过别人钱财，奸淫过别人妻女。于成龙看他醉得差不多了，便问道："听说你的衣袋中藏有盗匪名册，能不能拿出来给本府看看？"

汤卷立即就吓醒了，矢口否认。

于成龙命差役搜汤卷的身，果然搜到了一份名册。于成龙拿着名册看了看，确实详细记载了黄州的盗匪情况，是极其重要的档案资料。于成龙为人也算厚道，不准备和汤卷计较，但汤卷事后不思悔改，仍然有严重的违法犯罪行为，于成龙不得已便把汤卷抓起来，对他说："你这样的行事，不可能在人世立足了，不如早早回去。"

汤卷一边磕头求饶,一边不解地问:"小人一直跟随老爷办案,不知该回到哪里去?"

于成龙平静地对汤卷说:"回黄泉去呀!"

汤卷彻底崩溃了,哀告道:"小人虽然该死,但家里还有老母。请大人开恩,让我回家看看老母再死吧!"

于成龙哪里敢把这"地头蛇"再放回去,知道汤卷确有老母,就发发慈悲,拿出一两俸银,让差役送到汤卷家中,以尽同衙共事之情。然后下令让汤卷自尽,算是给酒友留了一个全尸。

合理教训冬烘先生

于成龙掌握了盗匪册子,里面不但有盗匪姓名,还有居住地址,办案果然方便多了。

有一次,于成龙出城办事,经过郊外某个村子,就对村里人说:"你们村,某某是大盗,某某是小偷,共有十八个罪犯。但因为最近比较守法,没有犯案,所以先饶了他们。一旦犯案,立即打死。"说完就扬长而去。这话在村里传开,大家都说于成龙简直是神明,那几个罪犯,也吓得逃跑了。

但于成龙也不敢轻信汤卷这份册子,他对差役们说:"人命关天,这种事绝对不敢鲁莽。一定要认真察访,掌握确凿证据。如果冤杀一个人,将来到阴曹地府里是要偿命的。"

为此,他经常骑一头驴子,化妆成外地客商、农民、算卦先生等各种角色，到田野村落里认真调查，和当地的各色人等交流，详细掌握各路盗匪的犯罪事实。于成龙本人认真了，其他奉命调查的差役也不敢马虎，不敢欺骗，所以，黄州府的盗案破获率提高了很多，冤假错案却极少极少。

于成龙在微服私访过程中，还发生过一件趣事。有一次，他装成算卦先生出去，中途在一家书馆休息，顺便听书馆先生给学生们讲书。坐了一会，书馆的主人端出点心来给先生吃，这教书先生又盛情邀请于成龙一起吃。于成龙吃了一点，就告辞走了。

第二天，于成龙派人把这教书先生传唤到衙门，说："昨天承蒙你的盛情，请我吃点心，非常感谢。但是，你教小孩子读书，很多地方都教得不对。你自己心里都不通，怎么能教别人呢？还是散馆回家吧。"

教书先生磕头求饶："我家里贫穷，如果散了这个馆，日子就过不下去了。"

于成龙说："想过日子也不能误人子弟呀！"

说完，取了二两银子赠送给这位先生，让他过日子。又赏了他五大板，作为他误人子弟的教训。

这故事，也很典型地反映出于成龙"宽严相济，恩威并用"的办事风格。

让罪犯互相作保

于成龙办案，也区分几种情况。对旧案的处罚力度是较轻的，破获以后，对罪犯痛加教训，然后让人保释。如果有人来保，就会释放，并对保人说："这个人是真正的罪犯，你如果能保证他改过自新，不再犯案，那以前的案子就不再追究。如果再次犯案，你们保人是要连坐的。"如果过了三天都没有人来保，那这名罪犯仍然要从重处罚。

另外，在保释时，于成龙也会认真察看保人的情况。如果确实是忠厚良民，方才允许取保，如果形迹可疑，那自然逃不过于大人的法眼。

有一回，于成龙正在审理一名大盗，忽然来了十几个人，都要保释这名罪犯。于成龙是精细人，发现这十几个人面目陌生，神情诡秘，不像是良民百姓，便诈道："本府看你们十几个人，都不像是敦厚长者，莫非全是盗匪，以盗保盗？"这十几个人一听全慌了，于成龙立即命人把他们抓起来审问，果然全是盗匪，便每人赏了三十大板，暂时关在牢里。于成龙的保释政策是不变的，说："给你们三天时间，如果有人来保，就释放。没人来保，从重处罚。"

三天过后，不仅那名大盗无人来保，这十几个人也没有人来保。于成龙先依法处理了大盗，然后对这十几个人从轻处理："看你们确有悔过的意思，本府也不想多伤人命。既然无人来保，那你们就互相作保吧。今后若有一人犯罪，其他十几个人都是要连坐的。"这十几个人终于逃得了性命。

改邪归正就既往不咎

有一次，于成龙派人把一名旧案在身的盗匪传唤到衙门，这名盗匪吓得瑟瑟发抖。

于成龙说："你不要害怕。我知道你准备改邪归正，今天传你来是要奖赏你的。你以前犯案时，官府不知道，那是官府的糊涂；你现在要改邪归正了，官府仍然不知道，还是官府的糊涂。本府知道你想做良民百姓，只是苦于没有户口。现在本府就赏给你户口，帮助你改恶从善，以后就做个好百姓吧。但本府也不能白白赏你，你必须替本府广为宣传：以前犯过盗案，现在能改邪归正的，本府既往不咎，还有奖赏；如果怙恶不悛，继续为非作歹，那本府一定会捉拿归案，从重处罚的。"说完了，不仅赏给这名盗匪户籍，还赏了他一顿酒食才放回去。

有个年轻的小偷，被于成龙的差役捉住，送到了衙门。于成龙说："你只是个小偷，对不对？而且你最近并没有犯过案子，对不对？其实用不着抓你的，你们村的某某，本来是个巨盗，但因为最近没有犯案，都被我饶过了。我的袋子里装着犯罪档案，如果一切陈年旧账都要审理，那不知道要杀多少人才行。算了，你还是回去吧。把我的意思告诉你那些同党，老实做良民就没有事。"这名小偷回乡以后，把于成龙的意思给大家宣传了，确实打消了很多人的疑虑，也震慑了很多人。

于成龙的理念是，强盗都来自于百姓，因生活无着、官府逼迫才铤而走险的。如果官府能体恤他们，给他们一条比较好的生路，强盗是能变成良民的。《从好录》赞叹道："人知擒一而民畏，不知纵一而愈畏；人知诛一而民畏，不知赏一而民愈畏。"

用保甲法治盗

于成龙在罗城时，就曾经编制保甲，维护社会治安。在黄州，这个办法继续得到推行。在惩治犯罪时，保甲法往往也能发挥很好的效果。

新洲有一名姓喻的大盗，作案累累。于成龙在任的时候，这名喻姓大盗又犯案了，他听说某僧人靠做佛事积累了一些银子，就跑去抢劫。不仅抢了银子，还残忍地把僧人的腿骨打断，在肌肉里撑了一根铁筋。事发之后，于成龙通过微服私访，认真调查，终于确定是这名喻姓大盗干的。

于成龙随后便到新洲编制保甲，喻姓大盗知道于成龙的威名，早早地就逃开了。于成龙在村里一个一个地点名，点到喻姓大盗时，问道："这个人为什么不在？"又点到另一个人，问："这个人为什么也不在？"点完了，他对乡保说："今天不在的，都给我召集起来，我还要重新点名。"

乡保是本乡本土人，找人抓人很容易，很快就把喻姓大盗找来了。于成龙审查一番，证据确凿，又让人作保。结果，没有人敢保这喻姓大盗。于成龙便下令，将其立毙杖下。

活埋了七名巨盗

《从好录》没有记载"活埋巨盗"这件大事，但其他传记资料中都有提到，这也算是于成龙震慑犯罪的重要举动。

话说有一次，于成龙抓捕了九名重犯。他进行了必要的审问，让这些人心服口服，供认不讳，接下来便该处决了。于成龙把九名重犯绑成一串，拉到歧亭镇的一处广场上示众。在最后关头，于成龙仍然给罪犯们留了一条活路。他对在场的百姓们说："这九名罪犯，都是绿林巨盗，罪在不赦。但本府慈悲为怀，再给他们一次机会。若有本地官绅百姓为他们作保，保证他们以后再不为盗，本府可以当场释放。若保释后他们再次犯法，则罪犯与保户一同治罪。现在，谁愿意出来作保？"

这些罪犯应该都是本地人，有自己的亲戚朋友。当场就有两名罪犯被人作保，松绑释放，于大人一向是说话算话的。剩了七个人，没有人肯保，可怜巴巴地等候处决。

于成龙为了震慑犯罪，扬刀立威，就用了一种比较极端的办法。他让人在大路旁边挖了一个大坑，将七名罪犯活埋在坑中，上边垒了一个大坟堆。这还不算，于成龙还在坟堆上竖了一块木牌，上边写着醒目的大字："黄州府二府于成龙瘗盗处。"

深入虎穴的"杨二胡子"

这个故事有两个版本，也不见于《从好录》，而见于其他传记及民间故事。

有一伙巨盗，到处作案，杀人越货，其藏身地点却极为隐秘。于成龙经过长期的调查，终于查到强盗们平时藏身于某处深山的古庙之中。为了进一步摸清匪巢内部的情况，制定稳妥的抓捕方案，于成龙居然用上了古人"不入虎穴，焉得虎子"的计谋。

他化装成乞丐，假名"杨二"，以乞讨为名，进入了古庙。正巧他自己生病了，真像个可怜的病乞丐，完全没有引起盗匪们的怀疑。那些啸聚山林的江湖好汉，都是很讲义气的，他们招待了于成龙，给他酒饭吃，还给他治病，真是很够义气。不几天，"杨二"病好了，盗匪们见他有些膂力，可以充当"喽啰"，就吸纳他入伙，送给他一个匪号叫"杨二胡子"。于成龙当然是假戏真唱，在匪巢中住了下来。

过了一阵子，于成龙摸清了古庙的地理环境，盗匪的人数、实力，相关的犯罪证据，觉得有十分把握了，便借着上厕所悄悄离开古庙，召集藏在不远处的捕役们，简单部署一下，没有费太大的劲，就将这伙盗匪全部拿获。

盗匪们被绑上堂来，他们还以为自己的同伙"杨二胡子"侥幸逃脱了呢，抬头一看，堂上的"青天于二府"原来就是"杨二胡子"，当时全傻了眼。于成龙先历数他们的罪状，说明案情重大，无法宽恕。然后又感念他们的招待和治病之情，痛哭流涕，设下酒席，让好汉们好吃好喝，从容上路。砍头之后，又每人赏一口棺材，好好安葬了。据说于成龙当时又哭又笑，情绪十分激动，国法和人情在他内心剧烈交战，久久不能平静。

于成龙的故事在清朝流传较广，记载也出现了差异。上文这个"杨二胡子"的故事，还有另一种说法，这里也介绍一下。

说匪首姓张，住在深宅大院，伪装成良民，平时戒备森严，不容易接近。他又和官府捕役们有勾结，用行贿分赃的形式，寻求安全保护。于成龙担心直接抓捕会走漏消息，让张某逃走，也不容易一网打尽。他就穿上旧衣，化名"杨二"，混进张家做佣人。由于他勤恳小心，很快就取得了张某的信任，让他参与自己的"盗务"，于成龙很快就摸清了张某这个盗匪团伙的详细情况。

他抽空脱身，回到衙门，召集捕役，只说去捕盗，并不说明去哪里。到了张某的宅院，呼张某出来相见，然后立即拿下。张某还要抵赖，于成龙说："你抬头看看本府，我就是杨二。"张某只好磕头服罪。

于成龙拿出几份案卷扔到地上，说："只要你帮本府把这些案子办了，就可以赎你的罪过。"张某喜出望外，赶紧答应。

于成龙留了几名捕役配合他，没有几天，那伙子盗匪就全部被捉拿归案了。

鬼有冤枉也来申

黄安县邹彬然夫妇夜里被杀，家财被抢掠一空。天亮后，邹家仆人三长带着伤到县衙报案，黄安知县把邹家左邻右舍十几个人抓起来，反复拷打审问，邻居们连连喊冤，就是不肯招认。邹彬然的哥哥晚上做梦，梦见弟弟敲着他的门说："我这个案子，只有'于青天'才能审清楚。现在抓的十几个人，都是冤枉的。"天亮以后，邹彬然的哥哥到县衙申诉。知县没办法，只好把案件上报给于成龙。

于成龙接案后，先令邹彬然的哥哥画了一幅邹家住宅草图，标明左邻右舍的位置。然后详细调查询问左邻右舍的情况，取得了大量的证据。经过研究，心里大概有了谱。他对黄安县的陈典史说："你稍等一下，这案子马上就破。"陈典史将信将疑，茫然无措。

于成龙悄悄安排了一下，命令差役将邹家仆人三长单独关押在一个大空房子里，捆绑结实，然后让差役们都离开。当夜，天黑如锅底，乌云密布，阴风怒号。半夜时分，仆人三长忽然看见邹氏夫妇满身血污，披头散发，站在牢门口，两双手伸进了栅栏，口里还大叫："还我命来！"三长十分恐惧，以为是鬼魂出现了，忍不住大声求饶说："不是我干的！是我哥哥二长和邻居某某把你们杀了，我只是在门口望风而已。"

话音刚落，于成龙和陈典史就举着灯走了进来，这宗血案就算告破了。《从好录》记载：案发之后，黄安县县衙前每天刮旋风，阴云滚滚，天色昏暗。这天早堂，案件审结，立即就"日明风静"。后来，黄安县就传出一句谚语："鬼有冤枉也来申。"

这个故事的记载有一定的迷信色彩，但文字中也透露出，当时的情形是于成龙设的"秘计"，是利用鬼魂出现的神秘恐怖气氛，逼迫仆人三长说出实话。

以诚求之

成龙的真正名声，其实就是在黄州府同知的任期内创造的。当时，朝廷对盗案处分很重。如果当地发生盗案，官员首先要被问责。官员们为了保护自己，碰见盗案，往往是既不受理，也不上报。这样虽然能逃过处分，却等于纵容了盗匪。于成龙分管捕盗，积极出击，以盗治盗，化盗为民，通过多种手段，不但治理了盗案，也为自己创下了名声和政绩。

他捕盗如神，断案如神，微服私访，神出鬼没，忽而严厉，忽而宽容。黄州毕竟是个比较繁华的地方，有舞台也有观众，还有评论员，于成龙的故事也就慢慢传到全国各地。他晚年任两江总督时，其实早就用不着微服私访了，但广大百姓，还是会把所有"白须伟貌"的陌生人当成是微服私访的于成龙。

于成龙手下有一批精明强干的助手，这些人大都有盗匪背景，熟知盗匪内幕，同样也是办案如神。后来于成龙离开湖广时，后任官员请求于成龙把这批差役留下来。但是，后任官员很快就发现，根本不是那么回事，这批差役并不好用，并没有传说的那么神。于是，大家怀疑真正"神"的只有于成龙自己。有人传说，于成龙梦寐之中经常和神灵交往，很多案子都是在神灵的帮助下破获的。

不过，于成龙自己则向人表示，自己办于案子并不"神"，只是个"诚"字而已。只要以诚求之，什么复杂案子都可以准确地破获。

捐了银子卖了骡子

于成龙做这个五品同知，年俸是八十两。他一向节俭，维持主仆几人的生活，应该是没有问题的。但因为在繁华地区做官，免不了要讲一点排场，花钱就要多一些，于成龙曾经为此借过债。

康熙十年（1671年）和十一年（1672年），黄州大旱，很多老百姓家里都揭不开锅了。这事本来不需要于成龙管，上有知府，下有知县，他们是老百姓的父母官，赈灾是他们的责任。于成龙这个"二府"，管好抓贼的事就行，但他心性慈悲，怎么可能袖手旁观呢？当然要积极承担起放赈的任务。

据《从好录》记载，于成龙在家里吃糠咽菜，厉行节约，省出了一点俸银，全部捐了出去。完了还不罢休，把自己常骑的一匹骡子卖了十几两银子，随手又捐了出去。后来，实在想不出好办法了，只好去找歧亭镇上的士绅富户们，好言好语地劝说了半天，让他们出钱出粮，帮大家共渡难关。歧亭镇的有钱人，也都了解于成龙，知道他清廉爱民，同时也知道他是个狠人，手段很多，这时候谁也不敢不给面子，多多少少都拿出些钱粮来搞赈济。

钱粮来之不易，赈济的时候自然不能浪费。

于成龙认真调查，该赈济的，一定要赈济，不该赈济的，一粒米也不能乱发。有些住在偏远乡村的穷家小户，路途遥远，消息闭塞，不能赶到歧亭镇上领钱领粮。于成龙知道后，就亲自带人赶过去，调查确实，按户口发放粮米。而于老爷自己，四处奔波，不仅饥肠辘辘，而且靴子也跑破了，脚跟也跑肿了，但他哪里顾得上自己。

有位老太太，来到歧亭镇上领粮米。于大人按惯例要调查一番，一询问，老太太有两个儿子，一个二十岁，一个十六岁。他立即派人把那两个儿子找来。一看，都是身强力壮的；一问，家里的经济也都过得去。于成龙很生气，说："这么两个身强力壮的小伙子，不能赡养母亲，反而让母亲一个人跑到镇上领米，你们的良心何在？"说完了，一人赏二十大板，让他们把母亲领回去赡养，一粒米也不发放。

有位姓周的世家子弟，一家人饥饿难熬。这姓周的就跑到宋埠去讨饭，宋埠的人周济了他几天，又担心他饿死在街上，就把这事汇报给了于成龙。于成龙调查清楚，立即用自己的钱买了两担稻谷，送给这姓周的，让他回家度日。

还有一户人家，原先也是有身份的，家里用着仆人。这年饥荒，主人没钱买米了，就逼着仆人出钱为自己赎身。仆人付了一半钱之后，实在拿不出钱了，主人就把仆人告到了官府。

于成龙接案后，详细审理，弄清了原因。他对主仆二人说："赎身并非仆人的本意，是主人穷急了，逼着仆人赎身的。现在，仆人付不起全部的钱，主人也没有能力退还已付的钱。那就由本府替你们办吧。"他从自己俸银中拿出仆人所欠的数额，偿还给主人。既替仆人赎了身，也让主人有财力度过荒年。

于成龙的这些事迹，着实让人感慨，也着实让人不可思议。也许，这正是"天理良心"的精髓所在吧？

穷得吃起了"糠粥"

在饥荒年月，于成龙自己的生活，也贫困到了极点。这时候，就传出了于成龙吃"糠粥"的故事。

于家的"糠粥"，具体的制作过程是这样的：买稻谷舂米，将米糠收集起来，在锅里炒到微焦，研磨成粉。然后，用少量的黍米煮稀粥，粥快熟的时候，将糠粉撒入。有时候，也把炒过的荞麦面、黄豆粉掺到粥里。

用我们现代人的眼光看，用这种粗杂粮煮粥，应该颇有养生保健的功效。但我们现代人养生，都是肥鱼大肉吃得过量以后，身体发福，疾病丛生，需要用粗粮调理一下，所以把粗粮当宝贝。在于成龙那个时代，这"糠粥"只能说是味道不好、营养不足的劣等食品。

于成龙不仅自己和家人吃"糠粥"，有客人来访，他也用"糠粥"招待。为的就是省点钱，好赈济饥民。有些客人，皱皱眉头，端起碗来能凑合着吃一些；有些家境富裕、吃惯了燕窝鱼翅的客人，端起碗来竟一口也吃不下。于成龙开玩笑说："这糠粥啊，在贫寒人家是家常便饭，在富贵人家却是稀罕物。你现在吃不下去不要紧，过几天我到你家，你要是不给我设糠粥招待，我一定要罚你出钱赈济灾民。"

歧亭镇东边有个叫鲁晟的人，仰慕于成龙的清廉品格，专门赶了七十里路，来到歧亭拜访，要品尝一下著名的"糠粥"。于成龙很开心地接待了他，等到吃饭时候，于成龙却说："你是新来的客人，今天先吃一次大米干饭。下次来了，我一定设糠粥相待。"鲁晟在歧亭镇住了一晚，第二天就要赶回去。因为没尝到"糠粥"，竟然很不开心。

于成龙吃"糠粥"，也只是为了度荒，为了省钱搞赈济，并不是真的想哗众取宠，博取清廉名声。他最可贵的品质并不是肯吃"糠粥"，而是宁可吃"糠粥"，也不凭借职权贪污官府的钱粮，榨取百姓的脂膏。

在平常的日子里，于成龙的生活，过得还是比罗城和合州要好一些的。每夜喝酒的习惯保留着，黄州的酒价比罗城略贵一些，每次只能喝半壶，价值五厘银子。这五厘银子是什么概念呢？一两银子的千分之一是一厘，也就是说，一两银子可以买一百壶酒，可以供于成龙喝二百个晚上。说到底，还是很便宜的劣质酒。当然，于成龙经常还要请朋友喝酒，花费自然就要多一些了。另外一项花费是吃豆腐，每天早晨让仆人出去买二斤，几口人吃一天。

由旧窑洞改造的于成龙纪念馆

有人问于成龙为什么要过得这样清苦,他说:"我过去住在合州时,百姓苦,地方穷,很容易养成廉洁的习惯。现在住在歧亭,地方上很富裕,大家的吃穿条件都很好。这时候,养廉不容易,被腐蚀却很容易。我只是努力坚持自己的清廉习惯罢了。"

后来,黄州百姓给于成龙编了两句歌谣:"要得清廉分数足,难学于公吃糠粥。"

只给儿子半只鸭

康熙八年(1669年)腊月二十五日,快过年了,于廷翼带着小弟弟廷元远道而来,探望父亲,陪父亲过年。那天清早,于成龙乘船从外地回到歧亭,还没有上岸,忽然看见有两个人在岸边迎过来,一时没有认出来是谁。等到对方开口叫爹,却是久违了的永宁乡音,于成龙方才省悟是孩子们来看他了。三个人抱头痛哭。于廷翼已经年过三旬,完全是成年人的样子了。廷元当年才八岁,还是小孩子,如今也玉树临风,长成十七岁的大小伙子了。九年不见,面目已经完全陌生。于成龙痛哭一番,伤心一番,又复高兴一番,免不了再畅谈一番,问问故乡的事情。康熙九年(1670年)的新年,于家父子应该过得其乐融融。两个孩子,帮老爹整理整理家务,换换衣被,修修房舍,再做几顿可口的家乡饭吃。

儿子们来到身边,是高兴的事。但于成龙还是想念操劳家务的老妻邢氏,想念倚门望子的老母李氏,这一点点平常的天伦之乐,他整整缺失了后半生。在另一首诗中他写道:"家中莫怨望,拂袖此心坚。"是说自己早就存下了辞官回乡的坚定心愿。

过了初一过十五，十五过了，孩子就该回乡了。于成龙决定把小儿子廷元留在自己身边读书，只让廷翼回永宁侍奉祖母和母亲。于成龙很想给廷翼带点好东西路上吃，找来找去，家里只有那只咸鸭比较贵重，就给孩子带上吧。很多记载都说，于成龙割了半只鸭带给孩子，这其实不合理。笔者猜测，应该是于成龙想给全鸭，廷翼死活不要，最后折中了一下，给老父亲和廷元留半只，廷翼自己拿半只。

这个故事当然也流传到歧亭百姓的耳朵里了，大家便给于成龙取外号为"于半鸭"，还编了四句歌谣："于公豆腐量太狭，长公临行割半鸭。半鸭于公过夜钱，五厘酒价何处抯？"

意思是说：于成龙很小气，平时连豆腐也舍不得多买，大公子回家则只给半只鸭子。这半只鸭子价值五厘银子，正好是于成龙过夜的酒钱。买了鸭子，晚上就喝不成酒了。

廷翼走后，廷元留了下来，于成龙在黄州歧亭的生活就有了一些乐趣和温暖。他闲暇时候可以亲自教导儿子读书，忙的时候，廷元在衙门里也能帮一把手。于氏家风比较好，廷翼三兄弟都很能干，爱读书，讲孝道，热心公益。特别是于廷元，从黄州到福建、到直隶、到两江，一直是于成龙身边的得力助手。于成龙曾经赞叹说，他有廷元，就好比是南宋名相张浚有张栻那样的好儿子。张栻是和朱熹齐名的大学者，由此可见于成龙对廷元的评价之高。

清官要不要讲情面

一般来说，清官都是"铁面无私"的，但中国偏偏就是个人情社会，不能够没有"情面"。于成龙呢，一方面努力做到"铁面"，一方面也努力想讲"情面"。《从好录》就记载了这么几个故事。

在歧亭的时候，曾经有一位青年时代的好朋友远道来访。一方面是看望于成龙，一方面是有私事要请托。于成龙是穷官，不可能赠给他大笔银子，但帮他办点事总可以吧？

于成龙见到老朋友，非常开心。虽然没有好酒好菜，但热情招待是必需的。喝完了酒，两人免不了还要促膝谈心，联床夜话，诉尽平生之情。但朋友一旦把话题向私情私事上引，于成龙马上就严肃起来，不是说"上帝临汝"，就是说"天监在兹"，意思是"举头三尺有神明"，老天爷在上边看着，阎王爷在下边管着，还有什么"因果报应""天理良心"……

结果，朋友想托付于成龙的私事，硬是没有机会说出来。朋友临走的时候，于成龙翻箱倒柜，东挪西借，凑了几两银子给朋友拿上。这朋友，估计只能是摇头叹息，拿于成龙一点办法也没有。朋友走了，于成龙又欠下饥荒，得饿几天肚子了。

另一件事：

某官宦人家的仆人，拔了别人田里的豆子。田主来争执的时候，这仆人又动手打了人。双方闹腾起来，告到了于成龙的官衙。这仆人知道于成龙和他家主人是好朋友，就领着家主一起来打官司。

于成龙说："拔豆子虽然是件小事，但很多违法犯罪的大事都是从小事开始的。不能不教训他一次。"说完，就命差役把这仆人拉下去打板子。打完了，方才和这家主人叙朋友交情，饮酒论诗，极尽风雅。

这人一大家子叔伯弟兄都是做官的，本人又与于成龙交好，但碰上于成龙这么个古怪朋友，他有什么办法？

崇贤兴教

"方山子"陈慥是麻城县的一位历史文化名人，北宋时期隐居在歧亭镇的杏花村。大文豪苏东坡曾写过一篇《方山子传》，很传神地介绍了陈慥英雄侠气、折节读书、隐居修行的故事。于成龙在治盗之余，也想表彰先贤、教化百姓，就把陈慥当成了"典型"和"榜样"。

康熙十一年（1672年），于成龙主持修建了一座"宋贤祠"，在祠中祭祀纪念陈慥，类似于是现代的"思想品德教育基地"。同时，他又把"宋贤祠"办成了讲学的书院，召集本地的读书人，定期在祠中讲求圣贤之道，弘扬汉民族的优秀传统文化。于成龙不仅为"宋贤祠"题写了"辉光照国"的匾额，还亲手在祠院中种植了两棵桂树。

于成龙夜间巡城时，一旦发现书馆里关夜亮着灯的或有诵读之声的，他不是进去小坐一会儿，就是在第二天把那位夜读的士子请到衙门里交谈，极尽礼敬鼓励之能事，因此和当地士子们建立了良好的师友关系。其中一大批出类拔萃的人才，后来一直和于成龙保持联系，在平定东山叛乱时为于成龙立下了汗马功劳。于成龙平生撰写的文稿，就是由黄州士子、著名学者李中素帮助整理的。

兴建"宋贤祠"之类的义举，是古代地方官员的惯技，大家都爱干这种出头露脸的好事。但笔者研读《方山子传》，再结合于成龙本人的特点和黄州地区的民风，发现其中还是大有深意在。陈慥抛弃富贵功名，过着庵居蔬食、徒步往来、学佛修道的俭朴生活，和于成龙的人生追求是一样的。陈慥痛改"一世豪士"的习气，折节读书，安贫乐道，对强悍好斗、豪杰辈出的黄州百姓，也有一定的教育意义。

于成龙希望百姓们都好好种田，好好读书，做良民百姓和清官廉吏，共同创造太平生活，千万别再去做什么绿林好汉。

第二次被举为"卓异"

康熙十二年（1673年），湖广总督蔡毓荣召见了他，赞誉有加。蔡总督见于成龙官服破旧，还很例外地赏了他一套新官服，这就是于成龙在几篇文章中提到的"赐章服"。在这一年的"大计"中，新上任的湖广巡抚张朝珍，根据于成龙的实际政绩，举他为"卓异"，这是于成龙第二次被举为"卓异"了。在清朝的官场上，举"卓异"是十分难得的荣誉，于成龙辛苦工作多年，努力行善多年，总算是又有了回报，所谓"苦心人天不负"也。但这次"卓异"的评语，各种传记资料都没有记载，应该是失传了。

根据于成龙的一贯作风，他应该还有一些特别的举动和成绩，获得了总督蔡毓荣和巡抚张朝珍的青睐。就像在罗城和合州那样，他很可能向上级提供过不少合理化建议。另外，他在黄州府同知任期内，兼任过

"黄汉捕务"，应该是全面管理黄州府和汉阳府的捕盗工作。陈廷敬的《于清端公传》中又说他"摄汉阳、黄安、通城事"，也就是代理汉阳府、黄安县、通城县的政务，做过"绝火耗""饬保甲"等工作。这说明，于成龙在黄州府同知任期内，已经引起湖广省高层官员的重视，被临时调动官职，负责了更多的工作，做出了更多的成绩。

康熙十三年（1674年）春，于成龙第二次赴京"入觐"。到吏部述职后，朝廷核准了他的"卓异"，很快就下令升他为福建省建宁府知府，他由此成了正四品的官员。因为突然发生的"三藩之乱"，于成龙实际上没有来得及到福建上任，而是临时代理了武昌知府。又因负责的军用桥梁被洪水冲垮，于成龙受到朝廷处罚，被革职为民。

单骑招抚刘君孚

于成龙被革职几日后，黄州就爆发了大规模的叛乱，叛乱首领叫刘启祯，字君孚。刘君孚原本就是蕲黄四十八寨民间秘密武装的首领之一，长期从事反清复明活动，但也一度归顺朝廷，并在于成龙手下做过差役。这次，黄州的反清势力受到吴三桂的鼓动，当地官府又处置不当，刘君孚等人在没有做好充分准备的情况下，就匆匆起了兵。于成龙在黄州做过四年同知，是著名的大清官，在民间有崇高的威信。湖广巡抚张朝珍便临时委派于成龙回黄州，相机剿抚叛军。

于成龙认为，不能把黄州叛乱定位为"反清复明"的政治叛乱，只把它当成是"官逼民反"的小型事件。他回到黄州后，合理化解官民矛盾，重新处理冤案错案，然后劝谕百姓离开叛军，回家务农。很快就分化瓦解了叛军中好几股势力。接着，于成龙把注意力转移到率兵据守山寨的刘启祯父子身上。

这是他一生最光彩的事迹。

于成龙认为，如果迅速招抚，刘启祯还有可能改变主意，稍迟数日，各处的起义军合兵一处，势力大增，刘启祯就不会甘心受抚了。

康熙十三年（1674年）五月二十七日，于成龙先派白杲镇的一名乡约，拿着自己的亲笔书信去见刘启祯。他在信中说明了朝廷的招抚政策，刘启祯只要率部投降，不但不会杀他，还会特别重用他。

于成龙估计乡约已经抵达山寨，自己便骑了一匹黑骡，带了两名随从，一人打伞盖，一人敲锣，缓缓地向山寨进发。在距离山寨还有二里地的时候，于成龙命令随从敲锣喊话，声称："太守来救尔山中人！"

刘启祯曾经做过于成龙的差役，对于成龙十分敬畏。听说于成龙亲自来了，他吓得不敢见面，仓皇躲到了后山，却命令手下的士兵们，手持火铳，列队相迎，恐吓于成龙。

于成龙极有胆略，根本不怕这种场面。到了山寨前，大声喊叫开门。很多士兵都认识于大人，又看见没有带兵，只好开门请于大人进寨。于成龙进了寨，下了骡，坐到刘启祯的大厅里，很随便地询问："君孚老奴到哪里去了？怎么不出来见我？"士兵们很尴尬地声称，刘启祯外出，过一会儿才能回来。那些认识于成龙的士兵，很不好意思地过来拜见，其他的人，也只好跟着礼拜，就好像迎接长官一样。

于成龙先不提起兵造反的事，只很关心地询问山中的雨水和庄稼，询问他们的家庭生计，就像以前劝农时的问话一样。大家只好顺着于大人的问话来回答。提起雨水和收成，大家自然联想起了平时的太平生活，想起了妻子儿女欢聚一堂的场面。好好的，谁愿意起兵造反啊！这样一来，刘启祯的军心也就散了。

于成龙拉着家常话询问了几句，又喊叫着天气太热，渴了，要士兵拿水给他喝。又解开衣服，脱了靴子，摇起扇子，躺到刘启祯的床榻上呼呼大睡起来。睡足了一个午觉，醒来后又问："君孚老奴，怎么这么久还不回来？客人来了，难道连酒饭都不准备吗？"

刘启祯一直藏在附近，到这时候，不得不出来相见。于成龙轻描淡写地批评了他几句，说官府刑讯逼供这么一点小冤屈，哪值得起兵造反，自取灭亡？现在朝廷政策很宽大，只要率部投降，造反的事情就可以一笔勾销，朝廷还会另有重用，绝不亏待。

刘启祯很久以来就有反清复明的理想，绝不可能被于成龙几句话就说得改变主意。但是，他这次仓促起义，根本没有做好准备。于成龙的招抚政策一出，民心涣散，军心涣散，再要硬撑着，也不会有好下场。他考虑再三，只好表面上暂时答应于成龙，约定六月三日率部投降。刘君孚的本意，是暂时诈降，等时机成熟后重新起兵。但于成龙深谋远虑，成竹在胸，使了一个"反间计"，就断了刘君孚的后路，从此只能紧跟于成龙。于成龙不久又率兵剿灭了其他几股不肯受抚的叛军，成功平息了黄州的第一次叛乱。

立下战功的于成龙，被朝廷重新任命为黄州知府。

第二次平叛

康熙十三年（1674年）十月，受吴三桂叛军鼓惑，第二次黄州叛乱又开始了。这次的叛军首领是何士荣，聚集了十几万人的队伍，准备攻打黄州城。

于成龙认为，黄州城没有驻军，不能被动守城，只能主动出击，先击败何士荣的主力，其他叛军就可以一鼓而下。于成龙动员了黄州的民间武装，先后召集了四五千名乡勇。又向湖广巡抚张朝珍求援，但张朝珍只能派出一百名正规军。就是在这种众寡悬殊的情况下，于成龙建立了平生最大的功业。

十一月八日黎明，大战开始。何士荣率数万人，从牧马寨出发，分东西两路，向于成龙驻扎的箔金寨进攻。叛军手持杂色红旗，满山遍野而来，声势十分浩大。

于成龙这天穿一件旧戎衣，手持宝剑，骑一匹战马，站在营门口，摆出亲自上阵的架势，十分威武。他见东路敌军较少，就派罗登云带领一千多人攻东路，自己率大军攻西路。在西路主战场，又形成了吴之兰攻东路，张尚圣攻西路，于成龙和李茂升攻中路的态势。

战斗刚一开始，官军把总吴之兰就中弹身亡。叛军火力密集，枪炮声像爆豆一样，官军和乡勇纷纷败退。于成龙也比较倒霉，一部威武的大胡子被战火燎着了，十分狼狈。大家劝于成龙暂时后撤，于成龙知道此时一退，必败无疑，就大声说："今吾死日也，敢言撤退者立斩！"

但官军乡勇仍然抵挡不住敌军的炮火，继续后撤。箔金寨附近的山民平时就支持何士荣，此时见官军败退，纷纷拿出小红旗，呐喊助威。

看起来，敌众我寡，官军乡勇败局已定。于成龙知道这次是跑不掉了，反正总是死，不如奋力杀回去。他拨转马头，向李茂升大喊一声："我死，汝归报巡抚！"然后就纵马杀入敌阵。

李茂升是武官，哪敢让文官于成龙去拼命送死？焦急之中，他张弓搭箭，一箭射倒了敌军的大旗。然后，他又奋不顾身地杀过去保护于成龙。官军乡勇在于成龙和李茂升的激励下，又奋起勇气，努力杀回去。何士荣叛军见大旗已倒，攻势也弱了下来。李茂升在这次战斗中表现得极为英勇，他的战马被射死，自己也受了伤，仍然挥刀步战，砍杀多名敌兵，夺了一匹马，继续战斗，身上的铠甲都被枪弹打穿了。

张尚圣率领的一支人马，从右山绕到敌后，成功地将敌人包围，战场的形势立即全面改观。经过一番激战，何士荣的大军终于溃败。官军乘胜追击，翻山越岭，连追了数十里才罢休。

何士荣也是一员勇将，他手持长矛，亲自断后。右臂被砍断，仍然在力战。最后陷在泥中，被官军擒获。

这场战斗，打得极为惨烈。官军斩首数千人，缴获器械无数。尸体堆满了山谷，鲜血染红了溪水。于成龙在此战中，创造了"手刃四十八人"的战绩。作为一名老年多病的文官，于成龙上阵之后能有这个战绩，充分说明他从小练过武功，并且有实战经验，是文武全才的。另外，他在关键时刻敢闯入敌阵，这和武功没有关系，主要还是一种勇气，一种大无畏的精神，一种慷慨赴死的精神。战场上枪弹无眼，于成龙能够活下来完全是侥幸。

官军进入何士荣的山寨后，缴获了何士荣的"伪札"，还搜出了何士荣密谋起义的名册。于成龙是熟读《三国演义》的，知道这份名册牵连太广，不利于稳定人心，就当众烧毁了名册。

十一月八日凌晨的战斗取胜之后，于成龙等人率军乘胜追击，中午时分赶到了吕王城。

李茂升下令士兵们埋锅造饭，稍事休息。于成龙见状后，急忙对李茂升说："白水、石陂等地的叛军，都奉何士荣为盟主。现在何士荣被擒，诸贼胆落，无所适从。我们卷甲急趋，紧紧追杀，他们就会彻底溃散。这就是所谓的破竹之势，机不可失。如果稍一松懈，叛军进入山寨，据险坚守，就会死战到底的。"李茂升点头同意。当时锅里的饭刚煮上，于成龙下令把米倒掉，大军立即出发。

于成龙一边行军，一边起草"檄文"，让乡勇们传示各处。他在"檄文"中说：叛乱人员如果能够反戈一击，擒拿贼首，必有重赏；临阵投诚，绝不杀害；扔下兵器，逃回家中，绝不追究；如果身上没有乡勇印号，家藏兵器者，按叛贼对待，一律处死。又把官军乡勇一战生擒何士荣、焚毁叛贼名册的事情广为宣传。

参加叛乱的"蕲黄四十八寨"人员，听说盟主被擒，名册被烧，又是恐惧又是侥幸，纷纷解散回家。叛军的数万人马，又一次被轻易瓦解了。

十一月九日，官军乡勇进攻白水畈。一场战斗下来，周铁爪、鲍世荣、李公茂等人身边只剩下几百名亲兵，失去了战斗力。他们想退守什子寨，没想到于成龙事先已经布置罗田知县王光鼎、生员萧二至等率领乡勇五百余人，堵住了路口，另外还有蕲水知县蒋灿派生员何翙然率领乡勇二百名前来助战。李公茂等人进不了山寨，只好杀出一条血路，仓皇逃走。

十一月十一日，孙将军、万野予、假周铁爪等人在麻城县石壁起兵，李公茂等人率残兵与孙将军联合一处，叛军的势力一时间又扩大起来。于成龙的大军驻在白水畈，因山路阻隔，无法赶到石壁。麻城知县屈振奇向分巡道徐惺请示，调来党、伊两位参将，率正规军赶到石壁平叛。

十一月十三日，官军和乡勇攻入石壁，大战一场，擒获孙将军、万野予，李公茂等人乘乱逃走，这股叛军基本上也被瓦解。

官军乡勇继续搜捕，过了几天，李茂升、鲁试等人先后擒获了李公茂、假周铁爪、鲍世荣、陈顿彻、鲍自性、王子之等叛乱首领。李公茂被俘后撞石自杀，伤重而死，其余首领被押送到了武昌，献给巡抚张朝珍，不久全被斩首。于成龙当时并不知道俘获的周铁爪是假的，到武昌后才被张朝珍审了出来，真周铁爪不久也被擒获斩首。

十一月十九日，搜捕小股残匪的行动仍在进行，但东山叛乱大局已定，于成龙于是下令班师回黄州。他当时驻扎在麻城县黄市村，在村口郑重立了一块纪功石碑，上边刻着："龟山以平，龙潭以清。既耕既织，东方永宁。"

第四节　救苦解冤八闽地　安民治吏两司官

　　于成龙平定东山叛乱之后，声誉鹊起，朝野各处都知道黄州知府于成龙不仅是个大清官，也是个军事人才。他在黄州做了四年知府，又调到蕲州做了一年的下江防道。康熙十七年，六十二岁的于成龙再次升官，调任福建按察使，这个职俗称为"臬司""臬台"。因为离任交接手续复杂，一直拖到第二年春天才赶到福州上任。

　　根据陈廷敬的记载，于成龙离任时的情形是这样的："乘五两小舟，萧然去楚。去之日，蕲黄及旁郡人沿岸遮送至九江者数万，哭声与江涛相乱。公亦垂泣不忍别。"

　　所谓"萧然去楚"，是说于成龙恋恋不舍，心里十分伤感。而蕲州、黄州及附近州府的官吏百姓，同样舍不得于成龙离开，大家沿江相送，哭声震天。而其中有一部分人，条件较好，干脆自己开了船，一直把于成龙送到了江西的九江。最后，相对洒泪，一揖而别。

　　还有一个流传极广的故事。于成龙在黄州买了几担萝卜，堆满了船头。船夫很纳闷，就问道："萝卜是贱物，带这么多有什么用？"于成龙说："这是我沿路的口粮，另外还可以压船啊。"于成龙就一路咬着萝卜充饥，跋涉数千里，到福建去上任。传之后世，成为美谈。

咬着萝卜上任的于成龙，在黄州是清官，到福建还是清官！

顶着风险平反冤狱

于成龙康熙十八年（1679年）到任的时候，福建省的监狱里关满了违反"迁海令"及其他禁令的百姓。

明朝时候，为了防备倭寇，曾经长期实施海禁，严重影响了中国的海外贸易。清朝顺治十八年，为了对付郑成功的反清势力，清朝政府又下达"迁海令"：严格禁止商民船只私自入海，不允许用大陆的产品、货物进行海上贸易。有违禁者，不论官民，俱行正法，货物充公，违禁者的财产赏赐给告发之人；负责执行该禁令的文武各官失察或者不追缉，也要从重治罪；保甲不告发的，即行处死；沿海可停泊舟船的地方，处处严防，不许片帆入海；如有从海上登岸者，失职的防守官员以军法从事，负有领导责任的总督或巡抚也要议罪。

于成龙首先要解决的大案，就是数千名"通海"罪犯及耿精忠叛乱附逆人员的处决问题。这都是吴兴祚手里积攒下来的案子，于成龙只要朱笔一圈，手一挥，这几千名罪犯就人头落地了。但于成龙时时记着自己的"天理良心"，哪敢如此草菅人命？他仔细查阅案卷，发现原来的审理十分草率，绝大部分犯人都是被冤枉的。他也明白"迁海令"的实质，百姓们出海捕鱼、贸易，都是正当的生计，并不都是为了资助台湾郑经，朝廷是宁可多抓错杀，也要杜绝郑经的后勤补给，被抓百姓本来就是十分冤枉的。至于耿精忠叛乱的附逆人员，也有大量是受胁迫的或被冤屈的。

于成龙思忖再三，决定办一件出格的大事。他向巡抚吴兴祚、总督姚启圣分别请示，要求释放这批人。吴兴祚和姚启圣知道朝廷的严令，出了事是要追究督抚责任的，不敢答应。于成龙又找康亲王杰书申诉，他指着那些被拘押的妇女儿童说："这些人怎么可能造反？"杰书是天潢贵胄，又是领兵统帅，没有什么可担心的，他听于成龙讲得有理，就一口答应了。

重新审理旧案，程序还是比较复杂的。犯人们被一批一批地押到院子里等着，衙门里的公文来回穿梭着。有些案卷，反复汇报了许多次，最后的结论还是不能下来。于成龙看犯人们可怜，就下令先去掉他们的镣铐，并给他们弄点酒饭吃。根据监狱的惯例，杀头前都要去掉镣铐，赏给酒饭，犯人们以为自己要被处死了，不由地哭声震天。哭了半天又发现案件平反了，自己被无罪释放，可以回家了，又忍不住磕头如捣蒜，再次放声大哭起来。在衙门里办事的官吏差役，看见这种情况，也都忍不住流下了泪水。那真是一条死亡线啊！平反不了就是砍头，平反了就是回家过日子，不管是经历者，还是旁观者，这心情能够平静吗？

犯人们死里逃生，自然十分感谢青天于大人，同时对于成龙所代表的清朝政府，也增添了几分好感。于成龙此举，在特殊的战争时期，应该为清朝政府争取了不少民心。此后，官府在办理军需、赋税等公务时，也就得到了福建百姓更多的支持。

于成龙不仅用高效率高水平的手段大量清理冤狱，释放大量无辜百姓回家，还十分关怀系狱囚犯的生活。朝廷的经费缺少，监狱犯人的口粮普遍不足，饿死事件时有发生。于成龙心里过意不去，他动员各地的官绅富户，捐助银钱，购买粮食，增加犯人们的口粮，让这些人能够勉强活下来。另外，他也捐助医药，为犯人们看病疗伤。这在当时，应该是很罕见的举动，

刑期无刑，圣意即经意也

于成龙上任后，还正式发布《简讼省刑檄》，要求下属各府州县，在农忙时节，一律不得受理民间诉讼。

他首先说："讼狱为民命攸关，听断谳决，务合情罪，使民无冤，然后能使民无犯。"

他认为"听断谳决，务合情罪"是司法的总原则，官府审案清楚，判决合理，百姓没有冤情，朝廷的法律自然就树立起了威信，百姓就不敢轻易犯法了。

接着，他重申自己的职责，按察使就是管理全省司法工作的，而"简讼省刑"是皇上发布的"敕谕"，也是司法的大原则。同时又说："刑期无刑，圣意即经意也。"意思是执行刑律，最高的期望是无人触犯刑律，皇上"简讼省刑"的理念，和儒家经义是一致的。这几段话是于成龙为自己的新政策寻找的最高理论依据。

然后说："值今时届农忙，乱后孑遗，方得归农乐业，大小衙门俱应停讼。"

他说，民间的细小纷争，告到官府的，官府不准受理，不准拘审人犯，

骚扰百姓，妨害农业。不准擅自拟定罪行、赎金，不准借官司向百姓勒索财物。关系重大的案件，上边派下来的案件，官府不得不受理的，审案人员必须心平气和，倾听百姓申诉，获取真实情况。不许官吏严刑拷打，主观办案。也不许上下其手，徇私卖法。

于成龙是从基层一步一步干上来的，熟悉衙门里的办案弊端。他对下属，既有正面的指导，也有威胁和警告。如果下属"拟议妥确，狱不兹烦"，他会以此作为官吏的考核成绩，向上级推荐；如果下属"苛酷淫刑，草菅民命，徇私卖法，巧为轻重"，他不但要重审案件，为民平反，还要依律追究"报参"相关责任人。

读者朋友可能要问，于成龙不许受理民间细小纷争，那百姓真有细小的冤屈该怎么办？难道就没人管了吗？其实，于成龙此举是权衡利弊，对症下药，当时各级官府中的贪官污吏们借着办案，骚扰勒索百姓，中饱私囊，徇私卖法，这是大病。百姓们一打官司，不仅自己的冤屈得不到伸张，反而要受官吏之害。于成龙下令"停讼"，其实是要束缚住贪官污吏们的手脚，让他们不能明目张胆地害民。至于那些细小的冤屈，比如谁打谁一拳，谁欠谁几两银子等等，本来就还有很多调解的办法。于成龙在黄州时曾写过一首《劝民》诗："闭门且避事，省尔穷民钱。莫憾居官懒，妻孥望尔还。"

意思是我关着门不受理官司，只是想给你们这些穷老百姓省几个钱。不要嫌我们这些当官的太懒，老婆孩子在家里等着你呢，快回去吧！

整顿官场风气

按察使的另一项重要职责,就是监察管理官吏,奖励推举清官廉吏,剔除惩办贪官污吏,澄清吏治,提高效率。但当时是特殊的战争时期,大量的公务还要依赖现有的这批官吏,不可能真正地进行清理整顿,于成龙就采取了一种"有力有节"的整顿方法。

他发布了《严戢衙蠹檄》,指出:"衙役犯赃,首严功令。本司法纪攸司,剔蠹除奸,尤为急务。"

说自己上任以来,就开始留心察访衙役犯赃这一地方流弊。调查的结果是,福建全省向来是"丛奸薮恶",地方上的恶棍全藏身于衙门之中,这些人"巨猾老奸,机深术巧",用花言巧语和微薄小利蒙骗诱惑长官上钩,取得长官信任,然后官吏勾结,坑害百姓。愚昧善良的百姓十分畏惧这些人,而狡诈的百姓则与衙蠹们勾结,再去坑害其他良民百姓,地方上的风气就这样败坏了。

于成龙声称,自己已经察访到了很多具体的事实,他举例说:采买军需时,这些人会在其中滥加杂派;征调差役时,这些人会卖富差贫,从中取利;处理诉讼案件时,他们会唯利是图,是非颠倒。自己本应当立即指名锁拿这些衙蠹,揭发参劾这些贪官,但考虑到地方连遭战乱,法纪废弛,对犯法的官吏也没有三令五申,及时教育,所以这次姑且从宽处理,既往不咎。希望这些官吏"痛改前非,洗心易辙,奉公守法,保守身家",表明如果他们怙恶不悛,继续作恶,那自己绝对不会"宽假",官员要以"贪纵揭参",衙役要以大法重处。

于成龙这是一种"敲山震虎"的手段,话说得很重,但处理很轻,也可以说是"先礼后兵",重在警告。他还发布了《申饬招格檄》,规范了司法文书的格式,要求文书要简易扼要,清晰准确,方便案件的复查和上报。于成龙自己的"提刑按察使司"衙门,和别的衙门一样,也存在着"衙蠹"的问题。他在监察别的衙门时,自己派下去的差役也常常恐吓下级,勒索财物,为非作歹。下级各衙门因此也产生抗拒心理,不能很好地执行于成龙的命令。

于成龙发布了《申饬差扰檄》,一方面指出由于各级官吏玩忽职守,不能很好地完成朝廷紧急公务,自己不得已才派差役前去催办。这样做,是为了避免各级官吏因为迟误公事受到"参罚",并不是想让差役们去骚扰地方。另一方面,他也承认按察使衙门的差役有违法犯罪行为,以前的事情查无实据,可以既往不咎。以后,若再有类似事件发生,下级官府可以"据实具文",将犯法差役押送回按察使衙门,依法重处。如果下级官吏"投鼠忌器",不敢对上级差役下手,也可以密信揭发,由按察使衙门另派差役捉拿追究。如果下级官吏既不敢公开查究,又不愿密信揭发,而是隐忍不报,那一定是自己有把柄捏在了差役手中。于成龙说,对这种情况,自己一旦查出,就会以"委靡无能""揭报"该官吏。最后他说:"法在必行,务各恪遵。本司将以此觇该府之风力才干矣!"意思是,揭发上级差役的事情确实很难办,但我会借此考察你们的胆魄和能力。

于成龙是精明厉害的官员,他明白这种事件中的"狗咬狗"成分,下级官吏和自己的差役,都会存在问题,所以双方都要敲打敲打。

提高办公效率

为了解决办事效率和"衙蠹"滋扰问题,于成龙还发明了两种新方法。第一种是"风火雷三催号票",设计了风、火、雷三种号票,一种比一种紧急,用于催办公务。如果"雷票"发下,公务还不能如期完成,那就要派差役捉拿相关人员问罪。这种方法,免不了仍要派遣差役,即使是奉公守法的好差役,到了下级地方,也会得到一番接待,花地方上许多钱。于成龙考虑到这个问题,又设计了一种木签,在木签上注明期限,随公文发往各地,这样就不必派遣差役了。木签一到,说明事件紧急,必须按期完成。办事的"经承",完事后拿着木签到省交令。如果"事已妥当,不烦驳诘",该"经承"可以法外从宽,不受追究。如果"苟且塞责,仍不能完结",要对"经承"进行"责惩",还要派差役押回去重新办理。如果地方官府收到木签,置之不理,到期不报,就要选派差役星夜锁拿办事的"经承",并以"违玩职名"罪揭报该地方的长官。

笔者阅读这一段记载,感觉于成龙所做的按察使工作真是复杂、麻烦。当地官场风气不正,效率不高,但又军情紧急,有大量的军需事务要办。于成龙既要考虑到如期完成公务,又要防止贪官污吏们从中作弊,还要设法为地方上减轻负担,只能够绞尽脑汁,想尽各种办法,惨淡经营。他的风火雷三票和木签制度,到底起到多大的效果,我们并不知道。我们只知道,于成龙做得很努力,很尽心,对得起自己的"天理良心",也对得起国家和百姓。

解救被掳人口

古代战争时期，敌对双方的将士们，冒着生命危险杀来杀去，难道就只为赚几个军饷？领几个赏？升几级官？肯定不是！战争是他们发横财的机会。他们不但会毁坏百姓的田园房舍，抢劫金银细软，还会奸淫妇女，掳掠人口。这是战争的潜规则，谁都没有办法彻底治理这个弊病。不让士兵抢劫，士兵们就没有打仗的积极性。

康熙十八年（1679年）前后的福建省，大兵云集，掳掠现象十分严重。耿精忠叛军进攻浙江、江西时掳掠了大量的人口，康亲王的八旗骑兵在进军过程中，从耿精忠手里抢回一批人口，又免不了再掳掠一批人口。这些被掳掠的人口，按照不成文的规定，属于将士们的私人财产，是给将士们做奴婢用的。这些将士们行军打仗，哪有多余的口粮给奴婢们吃？哪有多余的精力管理奴婢？所以他们便会将奴婢就近出售，换成钱财带回家乡。

作为福建省的按察使，于成龙并没有权力过问军营里这些陈规陋习，也没有权力向康亲王或者其他长官建议禁止掳掠、释放奴婢。但是，一向讲究"天理良心"爱民如子的于成龙，又不可能不关心这批被掳掠为奴婢的平民百姓。

怎么办呢？于成龙只能尊重当时的潜规则，拿钱把这些人赎买回来。于成龙自己手头不富裕，官府的经费又不能动用，他采取了募捐集资的办法，动员号召当地的官绅富户，大家发发慈悲，慷慨解囊，凑集一笔银子，到兵营里头去赎人。于成龙再利用自己的按察使身份，和将士们拉关系，套近乎，讨价还价，尽量降低价格，用有限的银子，多赎几个人出来。他儿子于廷元可能也跑前跑后，帮着老父亲做善事。总督姚启圣是个著名的富户，在解救奴婢事件中，也出了很大的力量。

这样的事情其实史不绝书。春秋时期，贤臣百里奚被掠为奴，秦穆公用五张羊皮把他赎买回来；三国时期，蔡文姬被南匈奴左贤王掠为妻室，曹操花重金把她赎回中原；唐朝初年，太宗李世民曾经动用国库钱财，从自己士兵们手里赎买战争掳掠人口；安史之乱时，名臣颜真卿曾经派侄子到敌占区赎买被掳掠的亲友和僚属。

这次，于成龙主持赎买的奴婢，和自己全无亲友关系，都是浙江、江西、福建等地的平民百姓。他要让这些人摆脱奴婢命运，骨肉团聚，享受天伦之乐。于成龙经手赎买回来的奴婢有几百人，他还给这些人发放必要的路费，遣送他们回家。有很多被掳掠的少年儿童，赎买回来后没有亲友来认领，自己也没有能力回家，于成龙就暂时把他们收养在自己的官署中，把官署变成了临时的幼儿园和学校。于成龙每天回到后堂，孩子们围着他要吃的，要玩的，非常热闹。每凑够一船的人数，于成龙就送走一批孩子。陆陆续续的，把孩子们都送走了。

这件事不是于成龙一个人能完成的，但他出面组织募捐，安排遣送，费尽了千辛万苦，确实是做了一件很大的善事。当时的被掳人口远远超过数百名，于成龙的筹资能力有限，不可能全部赎回。其他的人，有一部分被自己的亲友赎回，另一部分就被转卖他方，终身为奴，沉沦苦海。

慈悲的于成龙大人，对此只能是流泪叹息了。

第三次被举为"卓异"

康熙十八年（1679年）又是朝廷考察地方官的"大计"之年，于成龙的考核评语按惯例是由福建总督和巡抚来撰写的。

当时的福建总督是姚启圣，巡抚是吴兴祚，这两位都是清代著名的封疆大吏，电视剧《康熙王朝》中就表现过姚启圣的事迹。他们两人对于成龙印象很好，认为于成龙上任仅仅几个月，就做出了很大的成绩，确实是福建省最清廉也最有能力的官员，于是就推举于成龙为"卓异"，这是于成龙平生第三次得到这个荣誉。

吴兴祚给于成龙的评语是这样写的：

> 成龙执法决狱，不徇情面，屡申冤抑，案牍无停，不滥准一词，不轻差一役，而刁讼风息，扰害弊除。捐增监狱口粮，遍济病囚医药，倡赎被掠良民子女数百口，资给路费遣归。屏绝所属馈送，性甘淡泊，吏畏民怀。为闽省廉能第一。

上报朝廷后，康熙皇帝的圣旨是这样回复的："于成龙清介自持，才能素著，允称卓异。"

求罢垫夫

于成龙在按察使任上，只干了几个月，很快就被提拔为福建布政使，俗称为"藩司""藩台"。他在藩台任上最著名的事件是向康亲王"求罢莝夫"。所谓"莝夫",就是给军营官兵铡草的民夫。

当时,数万名八旗骑兵驻扎于福建,与台湾郑经作战。人每天要吃饭,数万匹战马每天也要吃草料。福建地方官员成天忙碌的军务大事,就是征集采购这些军需品。采购回来还不算,马草都要细细铡过,才能喂给马吃。八旗子弟比较懒惰,哪里肯亲自干铡草的苦差事。于是,就要向民间征集劳力,专门到军营里铡草。对八旗官兵来说,民夫当然多多益善,根本不考虑地方上的承受能力,一征集就是数万名。于是,数万户家庭的生产生活都受到影响。民夫们也要吃饭,还得再向民间征粮。民夫们也不可能成年累月地服役,总要定期更换,于是这种征夫的灾难就会波及福建省境内更多的地方、更多的家庭。不仅搞得很多百姓家破人亡,也让各级官府头痛不已。

清朝初年的皇帝、朝廷,都还是比较关注民生的。他们了解到征夫的巨大弊病后,曾经下令禁止再征莝夫。各级地方官和广大老百姓,都深深舒了一口气,十分感激朝廷的大恩大德。但是,骄纵的八旗子弟,仗着自己是特权阶层,又在为国打仗,仍然想继续征调莝夫。康亲王杰书是军队统帅,他虽然比较开明,但考虑到自己军队的利益,也出尔反尔,答应了将士们的请求,再次下达命令,要求各地照旧派夫。这就激发了一次严重的军民矛盾。

康熙十九年(1680年)正月二十四日,福建巡抚吴兴祚把康亲王的手谕转发给闽县、侯官等地的知县,要求按谕执行,但巡抚衙门并没有下达正式的文件。知县祖寅亮、姚震等人揣测到巡抚的真实意图,就以需要请示为由,拒绝执行康亲王这道命令。正月二十七日,八旗官兵聚集到县衙闹事，逼迫知县派夫。二十八日，福建省地方官员聚会商议，准备向康亲王请命。就在这天，民间很多百姓，听说了征夫的消息，便突然停业罢市，聚集在街上，哭泣喧闹，群情汹涌，大规模的民变一触即发。

官员聚会商议之后，布政使于成龙代表下属各级官员，向康亲王杰书上了一封公开信——《公上康亲王求罢埜夫启》，说明原委，请求康亲王收回成命。

于成龙又以自己的身份，向康亲王上了一封《再肃上康亲王启》。他在这篇文章中指出：

> 国家之安危，由于人心之得失，而人心之得失在于用人行政，识其顺逆之情而已。孟子曰：得天下有道，得其民斯得天下矣；得其民有道，得其心斯得其民矣。得其心有道，所欲与之、聚之，所恶勿施尔也。是国与民相倚之切，千古诚不可诬，载诸简册，可考而知也。

于成龙先给康亲王讲了一番大道理，然后又赞扬康亲王的品德、才干和功劳，说他既是皇室贵胄，又是国家栋梁，处处能以国事为重，也知道得民心者得天下的道理。接着，他又说最近北京发生大地震，太和殿发生火灾，上天示警，皇上亲自下了《罪己诏》，要求百官给自己提意见，并且时刻以"爱民察吏"为念，赈济各省的饥荒。于成龙请求康亲王看在太祖、太宗、世祖皇帝创业艰难的份上，为康熙皇帝分忧，关爱百姓，稳定民心，收回征调埜夫的命令。康亲王杰书一看事情闹得太大，官吏和百姓都反对自己照旧派夫的命令，在收到官吏们的公开信和于成龙的个人信件之后，思忖再三，也就偃旗息鼓，收回了成命。

于成龙为属下官吏和广大百姓办了一件讲究"天理良心"的大好事，但这件事确实办得有些惊险。根据前边的介绍，此事牵扯到官员抗命，百姓闹事，稍一处理不慎，就会是一大片人头落地。清朝是满人的江山，满人比汉人要高一个等级，王爷贝勒和八旗官兵都骄横无比，不讲道理，弄不好于成龙真有性命危险。幸好，康亲王一向比较信任于成龙，没有"上纲上线"，这事才算没有办砸。

巧妙平抑泉州米价

于成龙为官多年，一向以捕盗、判案著称，在黄州打了两仗，也显示出军事才华。在处理财务方面，却没有丰富的经验，在罗城征收赋税，一共才经手白银一千二百多两，在合州经手的银钱更少，只有九两左右。上任福建藩台之后，要管理全省财务，确实有很大的难度。但于成龙一向精明多智，边干边学，边学边干，在理财方面，也做出了不少成绩。

康熙十九年（1680年）初，泉州米价腾贵，兵民交困。总督姚启圣十分关注此事，向朝廷申请捐济。姚启圣本人是位商业天才，曾经在罢官闲居的几年时间里经商致富。在平息耿精忠叛乱、与郑经交战的几年中，他本人为军队捐出的私财就多达数万两白银。这次捐济泉州，姚总督也不含糊，一下子就捐出了五千两，但他同时也交代，下属各司道府必须捐齐五千两，共筹集一万两白银，在省城福州买米五六千石，火速运往泉州。总督做出了表率，巡抚吴兴祚也不敢落后，他没有私财可捐，就下令清查延平、建宁、邵武三府以前购买的四万石粮米，把这批粮米运往泉州。同时，他担心清查工作缓慢，不能及时运输，又命令粮道从即将到来的军饷中留出三万两白银，立即在省城买米发运。

这几项具体工作，都要于成龙负责实施。于成龙在赞叹姚启圣和吴兴祚的同时，又觉得捐济方法有问题，十分为难，便另想了一套应急办法。

当时，省城福州的米价也在上涨，每石米已经涨到二两一二钱左右。如果这时候在福州大量购米，米价势必继续飞涨，和泉州、兴化一样了。如果消极等待上游运来的外省米，则不能救目前之急。于成龙认为，应该改买米为借米。他恳求巡抚吴兴祚下令，从粮道手里借出为康熙十九年秋天储备的粮米。这其中，闽县负责筹借一千石，侯官县负责筹借两千石，于成龙自己再负责筹借两千石，一共凑齐五千石，先行运往泉州。等上游的外省米运到福州之后，再陆续补还借出的秋粮米。由于于成龙处置得当，省城福州的米价很快跌到了每石一两左右，泉州的米价也跌落下来。

在外地的姚启圣不明究竟，派人到省城催办捐银买米的事情，于成龙写了一封《上姚制台议捐济禀》，详谈福州的实际情况，说明自己不愿买米的原因。他说：

（一）福州工商业者多，农民少，大家都靠买米生活，如果米价飞涨，百姓生活难以保障。

（二）福州驻军每月消耗料谷两万石，每石折银只有六钱五分，已经远远低于市价，购买料谷已经费尽委曲，十分艰难，如果米价再涨，则军队每月两万石的料谷就不可能买齐。

（三）总督给各司道府派下来五千两银子的捐款，因为官员们经济拮据，负债累累，完成十分困难，逼急了只能用非法手段向下属和百姓摊派了。于成龙在这里列举了几位同僚困窘负债的例子。

（四）目前福建的藩库十分匮乏，欠姚总督本人的一万两银子一直归还不了，军队每月还要消耗一万四千两，自己只能呕尽心血，东挪西补，实在不敢再支用新到的饷银买米了。

于成龙最后说，五千石左右的粮米，对泉州来说是杯水车薪，不能根本解决问题。只有先平抑米价，等朝廷的饷银解到之后，如数发放拖欠的军饷，饷银充足后，民间囤积的粮米自然愿意出售，粮食问题就能圆满解决了。

从这篇文章看，过惯穷苦日子的于成龙，经济头脑并不比富商出身的姚启圣差。他用借米还米、临时周转的方式，平抑了飞涨的米价，帮助大家渡过了难关。其效果，比姚启圣的慷慨捐款强多了。

于公清苦，天下一人而已

于成龙在福建生活了一年有余，仍然保持着清廉节俭的风范。

臬台和藩台都是省内高级官员，下属官员很多，手里的权力也很大，按照官场惯例，是有很多收礼纳贿的机会的。于成龙这方面十分注意，严厉禁止下属官员给自己送礼。同僚之间的礼节性来往，也只限于橄榄果和蒲葵等价值不高的土特产。用现在的话说，就是只收水果瓜子之类的小礼品。

福建是沿海地区，码头上经常有外国商船停泊贸易。清政府在这方面有严格的限制，外商们为了打通关节，多买多卖，也势必要向主管的官员重金行贿。官员们趁这个机会发点洋财，对外商、对百姓、对国家其实都没有坏处。于成龙升任藩台后，主管对外贸易，也成了外商们行贿的对象。他仍然严于律己，绝不受贿。外商们最初以为于成龙胃口大，嫌礼品送得太轻，就加倍行贿，于成龙仍然不受。外商们借验货之机，拿出一些价格高昂的香料，请于成龙品评。按惯例，这些东西验过之后就留在衙门里了。于成龙只是拿起来闻一闻，辨别一下货色，然后就让外商拿回去。外商们感叹道："天朝洪福！我们走遍天下，从来没见过这样的清官。"

布政使衙门的大堂名叫"紫薇堂"，于成龙专门撰写了一副廉政对联，挂在堂上。联语云：

累万盈千，尽是朝廷正赋，倘有侵欺，谁替你披枷戴锁？
一丝半缕，无非百姓脂膏，不加珍惜，怎晓得男盗女娼！

这副对联写得很精彩，也很有于成龙的思想特色。一是禁止贪污，一是禁止浪费，"披枷带锁"说的是朝廷的王法，"男盗女娼"说的是因果报应。这对联，既是警示自己的，也是警示属吏的。当时，于成龙负责全省财政和军需，经手的银钱有上百万两，他自己和广大属吏都面临着巨大的廉政考验。而于成龙要做到的，就是一分一毫不出差错，这是相当难能可贵了。

于成龙在福建的俸禄，每年有一百多两，主仆几人是够花了，但生活水平相当低下。他集资赎买奴婢，给囚犯布施口粮医药，还有其他一些公益慈善事务，都免不了要花费一部分俸禄。有时候实在拮据了，就得典当衣物去换口粮。

当时，福州城里经常有北京来的钦差大臣、八旗将军，这些天潢贵胄成天到处乱逛，无所顾忌，于成龙的官衙和内室，也是他们散步闲逛的地方。他们看见于成龙房里只有一个竹箱子，里头只有一套朝服，饭锅里泡着稀饭，不知还要吃到什么时候，另外还有几十捆文书，此外再没有私人物品了。这些过惯了富贵日子的权贵们，对此情景都摇头咋舌不已，没想到还有这么穷困这么清廉的大官。陈廷敬的《于清端公传》说，这些权贵人物纷纷赞叹："于公，天下第一清官也！于公清苦，天下一人而已！"

在当时的官场上，汉族官员的俸禄都比较低，负债累累的穷官非常多。于成龙在写给姚启圣的一份文件中，就举例说明过福建几位道台窘迫的经济状况。但像于成龙这样的官员如果想要适当改善一下生活，也不是没有可能，手里有权，什么事都不会难办。有些同僚就奉劝于成龙，把生活稍微过得好一点。于成龙说："我平生没有特别的爱好，就喜欢过布衣蔬食的生活。衣食问题，只要能够免于饥寒就行了。"他还向人说："我从来不知道世界上有享受这件事，也不知道馈赠交际有什么用处。我每年得到的俸禄，其实也花不完，要那么多钱有什么用啊！"于成龙这几句话，在今天的人看来确实像是不可思议的奇谈怪论，也像是虚伪矫情的高谈阔论。但是我们要知道，于成龙是有自己的精神追求的，除了忠君、爱民、做好官、名垂青史之外，他还在追求圣贤境界或者仙佛境界。他在布衣蔬食之外，也还是有很多生活乐趣的。他在福建时，曾经撰写过一副对联，表达自己的思想观念与精神境界。联语云：

山到穷时，现许多峭壁层崖，叹富贵功名，何似林禽野鸟；
路逢狭处，经无数行云流水，任盘桓谈笑，休孤翠竹苍松。

于成龙故居大门

第五节　直隶巡抚行新政　清官第一沐皇恩

康熙十九年（1680年）三月，六十四岁的于成龙被皇帝破格提拔为直隶巡抚，于六月抵达保定府上任。

所谓直隶，就是今天北京天津及河北省一带，当时也称为"畿辅"。直隶虽然靠近京师，但问题一点都不少。天灾造成了各地的饥荒，需要粜粮赈济，蠲免赋税；社会治安状况极差，盗匪横行，需要大力缉捕；国家连年征战，驿站负担过重，亏空严重，需要增加工料；旗民汉民杂居，民族矛盾纠纷严重，需要妥善处理；官场腐败，贿赂公行，需要大力整顿；民间风气不良，吃喝嫖赌无所不有，需要加强教化，移风易俗。

推行一系列新政

于成龙做了一省长官，位高权重，除了遵守朝廷的大政方针和皇帝的圣旨之外，其他方面基本上无人限制，可以凭着自己的意志办事。皇帝的器重和信任，也让他底气十足。"新官上任三把火"，他到达保定接印之后，就陆陆续续下达了一系列命令，开始推行自己的"直隶新政"。我们根据《于清端公政书》中收集的文件，依次介绍。

（一）饬查劣员

于成龙在下发的《饬查劣员檄》中说，直隶连年灾荒，百姓困苦不堪，"仅存皮骨"，正需要贤良的州县官"加意调剂"，也需要道台、知府等官"实力整顿"，才不至于使百姓流离失所。自己上任以后，"切切以察吏安民为念"。经过初步察访，发现各地官员并不能"洁己奉公"：有的官员在征赋时滥收"火耗"；有的官员在办差时摊派杂税；有的官员用严刑峻法，"贻累地方"；有的官员听信衙蠹之言，恣意勒索百姓。"种种不法，殊可痛恨"。

他说，自己的初步察访，证据未足，还需要进一步秘密察访。他命令各地的道台、知府，接到文件后，"细加体察，务将不肖贪酷官员，据实揭报，以凭飞章参处"。除上述有不法的官员之外，也要将昏庸衰老、废弛公务的官员查实揭报。各位道府官员必须认真调查，不许"以平日之喜怒为属员之贤否"，也不许照顾情面，"止以微员塞责"。如果道府官员阳奉阴违，拖延不办，巡抚要追究其责任。

（二）严禁火耗

严禁"火耗"，是于成龙的一贯作风。所谓"火耗"，原指地方官府将百姓交纳钱粮之散碎银两熔铸成银锭时的损耗部分，后来成为地方官任意增收附加税的名目。这笔钱，既可以是地方官府的"小金库"，也可以是官吏们的额外俸禄，用现在的话说就是"灰色收入"。因为明清时代地方官府经费太少，官员俸禄太低，于是想出这么一个对策，借着"火耗"略为贴补。朝廷对这种"陋规"其实也是睁一只眼闭一只眼。但各地征收"火耗"形成风气之后，原来的"贴补"损耗演变成了发财手段，给百姓造成了沉重的负担，有违朝廷"轻徭薄赋"的大政方针。于成龙一向淡薄自甘，清廉自励，对征收"火耗"深恶痛绝。

他在《严禁火耗谕》中说："朝廷则壤以定赋，百姓按则以输粮，原有一定之规。在州县各官，身为民牧，亦当上体朝廷德意，下念百姓困苦，按则征收，更不可意为轻重。"

但很多地方官无视朝廷法令，任意增收"火耗"，有加二分的，有加三分的，还有明加一分而暗中实加三分的。于成龙说他们的"种种窃脂之行，无异窃盗"。他要求各位官员"洗心涤虑，痛除积习"，停止征收"火耗"，既爱护自己的功名，也爱护治下的百姓，这样不但能做一名"循良"的好官，也会有"阴鸷之报"。他说自己作为巡抚，会乐于看到这种现象，并会特疏举荐这样做的好官。如果官员们不思改悔——

狃于故智，甘蹈陋规，不恤民怨，不顾鬼谴。或快意于轻裘肥马，或肆志于田宅妻妾，或近为耳目之娱，或远为子孙之贻，当民穷财尽之日，饥馑洊臻之时……敲鸠形鹄面之骨，吸卖儿鬻女之髓，以遂一身一家之欲。忍心害理，祸必不远，天道好报，决不爽期。总以为幽眇难凭，且顾目前。然国法具在，本院决不敢徇纵以玩功令。

于成龙在这篇辞藻精彩的文章中，仍然打出朝廷王法和因果报应的旗号，苦口婆心，威逼利诱，想彻底改变地方政府加收"火耗"的弊端。

而事实上，当时"火耗"是无法严禁也不能严禁的，最妥善的办法是限制"火耗"、减少"火耗"，少收一点，解决官府经费就可以了。于成龙因为朝廷没有明文规定该收多少"火耗"，也只能下令"严禁"。几十年后，清朝政府才勉强解决了这个问题，给官员发放了高额的"养廉银"，给官府拨发一定的办公经费，将"火耗"也明令归公了。

（三）严禁馈送

官员之间馈送礼品，原是很常见的现象。平级之间，讲的是交情，你敬我一尺，我敬你一丈，投桃报李，礼尚往来。上级给下级呢，一般没有送礼之说，只算是赏赐。以前，于成龙在武昌时，总督蔡毓荣就赏赐过他一套官服，巡抚张朝珍则经常请他喝酒吃饭。而下级给上级送礼，却有很重大的意义：一是打通关节，寻求庇护，让上级多关照自己、包涵自己、提拔自己；二是上级的俸禄十分微薄，经济拮据，又不直接治理百姓，没有弄钱的渠道，只能靠下级的馈送过日子。

于成龙是特别严于律己的清官，对下级向上级馈送礼品之事深恶痛绝。直隶的官员们听说过于成龙的名气，但不知道他是真的不收礼，还是弄虚作假，故作清高。康熙十九年中秋节时，终于有一名官员站出来做了"第一个吃螃蟹的人"。这人是大名县的知县，他公开写了手本，备了不轻不重的中秋节礼，送到巡抚衙门，祝巡抚大人中秋快乐。这份礼品如果收下了，后边几百份重礼便会接踵而来。

于成龙大为恼火，他下发了一份《严禁馈送檄》，在文中表达自己对馈送礼品的独特认识。他说："礼有交际，原因分宜相近，互为献酬，用将诚敬。"意思是说，送礼这件事，只有级别平等的人，才能用来交流感情。如果两个人级别相差太大，没有交情可言，为了维护体统，就应该杜绝馈送。虽然有"用下敬上，礼顺人情"的说法，但是等级名分，既不能故意疏远，也不能肆意僭越。自己和广大州县官员在一个省内共事，固然是休戚相关，但名分差异太大。如果互相送礼，论朋友交情，那就造成了"犯上"和"悖礼"的后果，既违反了法纪，又冒犯了巡抚的威严。

对于给自己送礼的大名知县，于成龙并没有借题发挥，杀鸡儆猴。他说："本应题参，姑念初犯，暂从宽宥。"然后下命令说，以后"凡遇重阳、冬至、元宵等节，并过路送礼，各衙门概行禁止。如有私相馈献，查出并行题参，决不姑宽"。说到底，于成龙是讲究"严以律己，宽以待人"的，对属下以批评教育为主，绝不轻易断送人家的前程。

（四）禁止越权

所谓"佐贰"官员，就是指各级官府的副职官员。知县的副职有县丞、主簿、典史，知州的副职有州同、州判，知府的副职有同知、通判等。

于成龙本人担任过的佐贰官为黄州府同知。他是从基层一级一级地干起来的，熟悉官场利弊。到直隶后又做过一些调查，了解到各级官府中的佐贰官员普遍存在不尊重正印官员、越权办事、骚扰地方的行为。于是，他专门下发了《严饬佐贰擅理词讼檄》，指出：府、州、县的佐贰官有明确的职责，比如缉逃捕盗、巡查私贩、领解钱粮等事务。而一切民间词讼，比如强盗、人命、重情、斗殴、户婚、田产等官司，属于正印官的职责。佐贰官不能私自受理民间词讼，只有经过正印官批示允许的事件，佐贰官才能依法办理。于成龙在檄文中要求，各级地方官府必须严格按照朝廷规定办事，严厉查处这些违规行为。

（五）禁贩人口

于成龙上任直隶巡抚时，直隶正遭遇饥荒，虽然朝廷有蠲免赋税、粜粮赈济之举，但很多贫穷百姓仍然度日艰难，免不了有卖儿卖女乃至自卖自身的行为。有些从外地来的人口贩子，与本地恶棍勾结，采用哄骗欺诈手段，低价购买人口，再贩卖到外乡，获取几倍的利润。贫穷愚昧的百姓卖儿卖女卖妻，只图有一口饭吃，只图能活下去，既卖不了几个钱，又不知其沦落到何方。于成龙了解到这种情况，自然是切齿痛恨，认为地方官不管不问，属于"溺职"。

还有一种情况是将人口卖给旗人为奴。按朝廷规定，旗人购买奴婢，必须经过地方官审查，在卖身契上盖印，并且上报到朝廷有关部门备案。当时，祁州发生一宗案子，曹之完的仆人曹来，想投靠旗人为奴，背着主人，与恶棍杜文常勾结，伪造了一份卖身契，祁州知州不问情由，就盖上了大印。后来，主人曹之完投词控告，经过保定知府审理清楚，销毁伪契，将曹来断归原主。于成龙查阅了这宗案卷后，十分愤怒，认为类似的事件一定非常普遍。

他发布了《严禁略卖檄》，要求直隶境内各处的地方官，要认真察访外来人口贩子与本地恶棍勾结贩卖人口的事件，一经发现，立即捉拿查办。关于旗人买奴的程序，要求地方官认真对待，将当事人和左邻右舍以及族长等相关人员，一起传唤问话，当事人确实是生活无着、自愿卖身，且价格公道的，方许在卖身契上盖印。如果地方官仍然玩忽职守，"不恤小民困苦，任其辗转贩卖"，或者对"旗下买身文契，不行查明，轻与用印者"，一旦察访确实，就要以"溺职"罪参劾罢官。

（六）治盗安民

直隶境内盗匪横行，杀人越货，无所不为。这种情形，在许多旧小说中都有反映，比如窦尔敦盗御马、杨香武三盗九龙杯，还有黄三太、黄天霸等人物故事，都是清代初年直隶境内的事。这些人到底算是普通盗匪，还是替天行道的英雄豪杰，暂不必论，作为巡抚的于成龙，则必须以治盗安民为要务。

他下发了《饬查防守地方檄》，要求查明直隶真定府与山西交界处的军队防守情况，合理安排，把守关隘，防止盗贼越境作案或者逃逸。

他又下发了《严饬协拿盗贼檄》，指出直隶境内"盗迹诡秘，出没无常。呼朋引类，纠党非一处之人，朝西暮东，行止无一定之所"。地方官往往只管自己辖区内的案子，盗贼一旦逃入邻境，就束手无策，外地的盗贼逃入本地，也不闻不问，这样就给盗贼提供了大量的逃匿机会。于成龙要求各地方官要同心协力缉拿盗贼，要互相帮忙，不要互相推诿，更不许故意为盗贼开脱。

《清稗类钞》记载，于成龙曾经下令在大道两侧修筑长墙，防备响马。这种办法既劳民伤财，也不能起到防御效果，于成龙很快就醒悟过来，下令停止了。据称，当地的绿林好汉曾经在夜里骑马绕着巡抚衙门奔驰，向于成龙示威。有人写诗讽刺道："百里长墙拦贼马，绿林昨夜绕官衙。"

（七）严禁奢侈

奢侈浪费行为，不算是违法犯罪，只能说是社会的不良风气。官员们追求奢华，免不了要贪污纳贿；富户们追求奢华，免不了坐吃山空，家道中落；平民们追求奢华，则寅吃卯粮，挖肉补疮，免不了有倾家荡产之虞。按照因果报应的理论，社会风气过度奢靡，会导致饥荒和战乱。在康熙皇帝颁发全国的《上谕十六条》中，第五条就是"尚节俭以惜财用"，把反对奢侈浪费、提倡节俭当成是基本国策。

直隶守道董秉忠是一位能干的清官，他给于成龙提了四条治理直隶的建议，其中第一条就是"力崇节俭"，于成龙非常赞同，立即摘录董秉忠的建议内容，下发了《严禁奢靡檄》。

文中说："天地之生财，止有此数。过用则易竭，奢费必不支。且暴殄狼藉，凶札随之，必然之理也。"文中详细叙述了直隶省境内奢侈浪费的种种情状，然后很尖锐地指出这种现象"总由为民上者不身先俭朴，以躬导之"。意思是，这种不良风气是由各级官吏们的作风不正导致的。要求各级官吏们率先垂范，先从自身节俭做起，然后"恳切化谕"属下百姓，让大家知道"粒食之不可暴弃，非分之足以丧身"。婚丧大事的宴席典礼和日常生活的用度，都要有所限制，不能过分。当时，每月初一、十五，民间都要上"政治课"，由"乡约"宣讲《上谕十六条》。于成龙要求，在"政治课"上要多讲禁止浪费、提倡节俭的故事。还要求，民间知书达礼的士大夫要教育自己的家人、族人和亲戚，德高望重的老人要教育自己的子孙。他认为如果能这样坚持下去，"村里之间，将见古朴可风，物力常余。日积不见多，而岁积则日盈。苟逢水旱灾荒，未必遂致捉襟而露肘也。"

于成龙最后还说："本院将以觇诸有司之贤良教化矣。倘或视为具文，因循旧习，有奉行之名而无奉行之实，本院亦何乐有此属员也，定以溺职特疏纠参，决不姑容。"

（八）严禁赌博

赌博的危害古今皆知，但其魔力巨大，至今仍吸引着成千上万的人。于成龙自己是不参与赌博的，到直隶后，因为发生了两宗赌博杀人案，于成龙便下令严禁赌博。

他在《严禁赌博谕》中说：

> 四民之中，各有本业，咸宜安分以保身家。乃有奸猾之徒，希图厚利，开设赌场。贪痴之辈，堕入局中，相聚赌博，昼夜不息。开场之家，独得其利。赢者百无一二，输者比比皆是，以致赀财荡尽，田房准折一空。栖止无所，谋生无策。或情急自尽，或身为乞丐，或自卖旗下，或将妻女子媳卖为奴婢，终身沦落，或为盗贼，致被擒获，身罹重辟……当聚赌之时，还有互相争竞被人殴死者。

于成龙在檄文中申明，严禁之后，如有违犯者，要将"赌博之人与开场、放头并抽头之人及该地方，俱照定例治罪，决不轻贷"。如果有人举报揭发赌博行为，将赌资一半作为奖金；如果同赌之人举报，不但免罪，还有奖金。

（九）驱逐流娼

清朝禁止官员嫖娼，但并不禁止看戏。有些女戏班，不能进京城演出，就在各府州县活动。各地的文武官员和富豪大户，在欣赏戏曲的同时，免不了有些偷偷摸摸的行为，把女演员当成流娼来玩弄。

于成龙通过调查得知，广平府一带女戏流娼现象严重，主要活动地点在鸡泽县的柳下村，永年县的南胡村、贾西岩村。由此引发了各种违法犯罪事件：广平府钱同知为了看戏嫖娼，留宿于张守备署中；例监张文炳、张文煜兄弟在家里嫖戏旦四娃；广平府门役齐佩兰为了包宿流娼李六，竟设局骗各县银钱；管理县衙户口赋税的差役张文玉、王立业，为嫖流娼王菊花，竟偷盗库银。

于成龙下发了《驱逐流娼檄》，除了严肃查处相关官员和罪犯之外，下令将在本地活动的流娼和女戏驱逐出境，不许容留。这些走江湖卖艺的妇女们本来也十分可怜，于是只把她们驱逐出境，也算是从轻发落了。

（十）倡导农桑

于成龙认为，植树凿井是"培天地自然之利，裕吾民衣食之源"的大好事，但寻常百姓，目光短浅，观念守旧，不肯在这方面努力。他于康熙十九年七月下令，要求地方官员劝导、督率百姓们广植桑麻，多浚井泉。他说只要这样"力行久之，自收成效"。

命令下达之后，各地官员并没有很好地执行。有的说当地风土不适合种植桑麻，有的说当地缺乏地下水，凿井无利。有的干脆装聋作哑，将于成龙的命令当耳旁风。只有安肃县的王知县认真执行了于成龙的命令，并且适当变通，取得了很大的成效。王知县将于成龙的命令，改编成通俗易懂的歌词，在乡村里到处张贴传唱，动员号召百姓多浚井泉，广植树木。后来，四十八个村子，共凿井两千五百二十多眼。当地历史上不种桑麻，树苗和种子难找，王知县就号召百姓种植柳树，用柳树枝编制水斗贩卖。王知县也编写了号召种榆种柳的歌词，张贴传唱，许多百姓都开始大量植树。

于成龙得知情况后，下发了《再饬植树浚井檄》，表扬了王知县的成绩，并把王知县编写的俗语歌词颁发各处，要求大家广为宣传。他还教育其他州县说：

若谓方物不类，地土异宜，即有不宜于桑，无有不宜于麻者。且如榆柳之类，乃最易生之物，又不择地而可期长茂者。至泉源与土脉流通，无地无水。即或原隰高下不同，一邑之中，间有石碛流沙，亦自无多，其土深壤沃之处，无不可为井。此二事，劳仅一时，坐享长久之利，民何惮而不为，官亦何惮而不劝也？

意思是说，即使是风土气候有差异，不适合种植桑树，但麻、榆、柳等植物适应性都极强，没有不能种的。有的地方确实缺乏地下水源，但县里地方大了，难道各处都不出水？总还是有一些地方可以凿井吧！于成龙的命令，其实是让各地方官因地制宜地发展水利和种植，给老百姓更多的经济保障，并不是死板地要求种桑种麻。

打破常规赈济灾民

于成龙到直隶上任的时候，直隶已经是灾荒遍地。他在开展各项新政的同时，仍把主要精力放在了赈灾大事上。

清朝政府在赈灾方面，有一套严密的制度和程序，先由地方官调查灾荒程度，汇报到省里。省里进行一番查实，然后上报朝廷，户部请旨复查，确定灾情后，最后才发布命令，根据灾情程度，部分减免或者全部蠲免赋税，缓征赋税，平价粜粮，灾情最严重时才会无偿地发放粮米。这么做的目的，无非是防止地方各级官员虚报灾情，从中贪污，让朝廷蒙受损失，让百姓得不到实惠。但对饥肠辘辘的广大灾民来说，朝廷的办事节奏实在是太慢了。于成龙在直隶的赈灾活动中，敢作敢为，先赈后奏，绕开了原有的一些程序。康熙皇帝出于对于成龙的高度信任，不但不加责怪，反而大力支持。他们君臣同心同德，为直隶的灾区百姓，办了不少大好事。

康熙十九年（1680年）十月，于成龙上疏声称，直隶宣府所属东西二城和怀安、蔚州二卫，有一千八百多顷耕地，被水冲沙压，已经无法耕种。前任巡抚金世德曾经请求蠲免赋税，朝廷没有批准，当地百姓要包赔历年所欠的赋税。自己上任后再次勘查，发现冲压情况更加严重，根本无法再度耕种。他说，虽然连年征战，国家财政困难，但这部分土地，每年征粮不过三千余石，征银不过一千余两，对朝廷来说只是个小数目，对几千户贫民来说却是生死攸关的大事，请求朝廷豁免钱粮。康熙皇帝仍然走了一下程序，让户部派人复查，确认无误后，下令从康熙二十年（1681年）起豁免钱粮。

不久，于成龙又上报宣府所属东、西二城和万全左右前卫、怀安、蔚州、保安、紫沟、西阳等处的夏灾与秋灾，朝廷下令缓征赋税，并平价出售官仓中积储的陈粮，救济百姓。这道命令刚开始实施，宣府通判陈天栋就向于成龙报告，宣府东西二城在最近二十多天内，已经饿死了数十名百姓，还有大量百姓处在饿死的边缘。于成龙接报后，认为情况紧急，如果按制度上报朝廷请求赈济，批准下来得一个月左右，不知又要饿死多少百姓。他当机立断，派保定府同知何玉如火速赶往灾区，向无力购买粮食的贫民发放仓粮，每人给二斗，以解燃眉之急。同时向朝廷上疏说明情况："伏思平粜粮石，止救稍能措籴之民，而不能救囊无一钱、僵卧待毙之民。即再疏请赈，候部议覆，奉旨允行，亦须一月。此一月之内，民之饥死者又不知凡几矣！"

并说自己"仰体皇上惠爱元元至意"，已经开始行动了。康熙皇帝接奏报后，和户部商议，同意了于成龙的应急办法，并没有追究他违反制度的过失。从做官的角度讲，于成龙这次的行为也算是十分冒险，考虑到了"天理良心"，就把朝廷的制度给忽略了。

康熙二十年（1681年），康熙皇帝派户部员外郎叶纶到直隶，和于成龙一起赶往宣府赈济各地灾民，并下令"蠲免本年额征、积年带征钱粮及房税"，大规模救济宣府一带的灾民。到了七月，于成龙又向皇帝上疏，说真定府下属的获鹿、井陉、曲阳、平山、灵寿五县，发生了旱灾，二麦无收，请求将房税银两缓至来年征收，康熙皇帝和户部商议后也同意了。这里提到的"房税"，是康熙皇帝为了解决军饷问题，临时加征的物业税，天下百姓临街的门面房，每间每年征银二钱。

康熙二十年（1681年）九月，康熙皇帝巡行到直隶霸州等地，亲自察看民间的灾情，下诏说："朕巡行近畿至霸州，见其田亩洼下，多遭水患。小民生计维艰，何以供给正赋？著察明酌量蠲免。"这些地方本来已经减免了部分赋税，于成龙见皇上有特旨，就上疏请求"破格全蠲"，皇上立即答应了。

在这两年的赈灾过程中，于成龙还号召各级官员和民间富户慷慨解囊，捐银捐米，拯救贫苦百姓的生命。只是，少数贪官污吏仍然手痒难耐,利用赈灾中饱私囊。青县知县赵履谦就顶风作案,不但违规收取了三千多两"火耗"银,又把一千两赈灾银装进了腰包。这还不算,他借口制作报灾文册,向民间摊派银两,把这些钱也贪污了。于成龙了解情况后,认为对这种人绝不能手软,立即上疏参劾,将赵履谦革职问罪。

妥善保护捕盗官员

在捕盗的问题上,于成龙对下属官员时而严厉督责,时而谆谆教导,时而讽刺挖苦,时而侮辱谩骂。但实际上,他是所谓的"刀子嘴,豆腐心",慈悲为怀,对众多捕盗官员还是十分关心爱护的。清朝制度严格,捕盗官员完不成任务,就要受到上级的参劾和朝廷的处分,辛辛苦苦干多年,不是被罚俸,就是被降级,甚至还被革职,真可谓苦不堪言。通州知州"于成龙",与本书传主同名同姓,也是一位捕盗的高手,后世还传有以他为主角的《于公案》小说,但他当时也被复杂的盗案拖累,屡受朝廷处分。直隶巡抚"老于成龙"考虑到这种情况,就向朝廷上了一份《请宽盗案处分以惜人才疏》,主要内容如下:

(一)直隶下属的监司、厅印等官,不受盗案拖累、能够依例升迁者,往往不足十分之三四。大部分官员,一宗案件尚未破获,新的案件又压到头上,好容易破获一案,手头又攒了好几个案子。有时候,一天之内报案的就有好几家。官员们"经年累月,攒眉无策",情形确实是十分可怜,希望朝廷能够体恤这些官员。

(二)各地的知州和知县,承担着维护地方治安的责任,既不能够防患于未然，又不能够在案发后迅速破获，朝廷追究他们的责任，将他们降级调职，确是应该的。但是，调职之后，接任的官员因为事不关己，搜捕更不认真，反而让更多的强盗漏网了。建议朝廷修改制度，在追究地方官责任时，只降级，不调职，让他们继续努力破案。如果能破获一半以上案件，就恢复原来的级别。这样"于惩过之中，寓以劝勉，必能悉力擒拿，不致凶徒幸免"。

于成龙的这个说法，与催征赋税时的"寓仁慈于催办之内"，可谓是异曲同工。

（三）荐举"卓异"和"行取"，是朝廷超拔人才的大典，也是督抚大臣向朝廷进献人才的大义所在。但朝廷的规定很严格，官员有积压未完的案件，就不具备被推荐资格，这样无疑会让很多优秀的人才埋没在基层。于成龙援引江苏巡抚慕天颜举荐拖欠钱粮的知县林象祖、任辰旦被朝廷特旨允许的先例，认为"皇上怜才之殷，初未欲以成例限人"。而直隶的盗案和江苏的钱粮，同样都是最难解决的问题，也应该破除成例，"无论盗案之销否，一体荐扬，以备擢用"。

（四）各府专门负责捕盗的同知和通判，其管辖的地面，有的多达十几个州县，有的竟达二三十个州县，任务过于重大。在处分方面，竟和只管一州一县的知州、知县同样对待，确实是处罚过重了。于成龙认为，武职官员的处分条例，有专汛、兼辖、统辖的区别，以责任的轻重决定处罚的轻重，同知、通判的处分，应该援引武职官员的条例，这样才算适当。

（五）道台负责监督捕盗事务，按照条例，没有完成任务的，不但要罚俸，还要"停其升转"。于成龙认为，这些"方面大吏"，不是从京官外放，就是从基层提拔，都是练达之才。他们趁着年轻力壮，正可努力报效朝廷。如今因为分管的事务，竟失去了升官的机会，实在是太可惜了。他建议，对那些具体负责捕盗的官员，"停其升转"，让其限期破案，是应该的；对这些监督缉盗的道台官，既然已经罚过俸禄了，就应该"免其停升"。

这份奏疏送到康熙皇帝手里，皇帝下令吏部认真讨论。吏部认为于成龙的请求毫无道理，应该驳回。康熙皇帝传下口谕说："朕曾经到直隶一带巡视，发现山海关以西，永平以东，一面临海，一面临边，盗贼无处潜藏，抢劫的案子就比较少。而玉田、丰润、遵化、蓟州、霸州、保定一带，民居稠密，盗贼容易藏身，犯案的就多。现在处分条例定得太严格，恐怕官员和百姓都受牵累。着九卿官员详细讨论，修改条例。"皇帝定下了调子，下边的官员们就好办了，经过研讨，批准了其中两条：具体承办盗案的官员，超限不及二年者，免于离任；监督缉盗的道员，限满后只罚俸禄，免于停升。

尔为今时清官第一

康熙二十年（1681年）正月，于成龙接到工部的命令，要他挑选一万零八百四十名夫役，赶到京郊沙河，将已故的孝诚皇后赫舍里氏、孝昭皇后钮祜禄氏的梓宫，迎请到皇陵安葬。用白话说，就是替康熙皇帝的两位亡妻抬棺材下葬。命令中说，于成龙必须亲率夫役，于二月六日赶到沙河。

这是一宗责任重大但相对轻松的差事。于成龙再次上疏，请求在赴役途中入京陛见皇帝。这次，康熙皇帝一口答应了。二月五日，于成龙入宫陛见皇帝。康熙皇帝安排得很周到，知道于成龙年迈，步行入宫不方便，就命侍卫在午门外设下座位，传旨说："巡抚年老不胜步，宜少坐。"请于成龙坐下休息片刻，再进紫禁城。入宫后，三拜九叩的君臣大礼完毕，康熙皇帝就命太监给于成龙赐座赐茶，从容谈话。

于成龙这年虚岁六十五，康熙皇帝虚岁二十八，其实和于成龙的幼子于廷元一般年纪。他们两人的缘分很有意思：顺治十八年，康熙皇帝即位，于成龙进京掣签，赴罗城上任；康熙六年，皇帝亲政，于成龙调任到合州；康熙八年，皇帝擒拿鳌拜，真正掌握政权，于成龙调任黄州府同知。之后，于成龙有两次进京"入觐"的机会，但那是名义上的"入觐"，不一定能面见皇帝，最多是跟着大伙儿一起远远地磕个头就完事了。等到"三藩之乱"进入尾声，天下太平在即，于成龙已经是皇帝最器重的封疆大吏了。

康熙皇帝对于成龙的了解其实挺多的，见面就说："尔为今时清官第一，朕所深知。"

康熙皇帝尤其感兴趣的是于成龙在黄州单骑入虎穴、招抚刘君孚的事情，于成龙的回答十分得体："微臣只是宣布皇上的威德，并没有其他的本事。"

康熙皇帝又问："你属下还有哪些清官？"于成龙说："知县谢锡衮、同知何玉如比较清廉。"康熙皇帝又说："上次你参劾知县赵履谦，办事非常得当。"于成龙说："赵履谦过而不改，微臣实在不得已才参劾他。"康熙皇帝郑重嘱咐道："为政之道，当知大体，小聪小察，不足为多。且人贵始终一节，尔其勉之！"

康熙皇帝的意思是，你现在做了封疆大吏，以前那种"小聪小察"的智慧就不值得提倡了，而应该学会驾驭全局，把握宏观，不要在具体小事上过于分心。最后一句，则是勉励于成龙，要坚持自己的清廉作风。

两人座谈了一会儿，到了开饭时间，康熙皇帝命太监撤下几道御膳，赐给于成龙吃。吃完饭，于成龙就谢恩告辞了。

皇帝的赏赐和表彰

于成龙那天离开皇宫后，康熙皇帝很感慨地对身边的经筵日讲官员说：

> 于成龙起家外吏，即以廉明著闻，洎陟巡抚，益励清操。凡在亲戚交游请托者，概行峻拒。所属人员并戚友，间有馈遗，一介不取。朕甚嘉之！知其家计凉薄，特赐内帑银一千两、朕亲乘良马一匹，以示鼓励。

意思是，于成龙在基层工作的时候，就以廉明著称，逐渐做到巡抚这样的大官，越发砥砺自己的清廉品德。亲戚朋友请托办事，一概严厉拒绝。下属官员和亲戚朋友偶尔馈送礼品，他也丝毫不取。听说他家境贫寒，我特此赏赐他内帑银一千两、御乘良马一匹，以示鼓励。

看来，康熙皇帝从别的渠道，了解到于成龙很多信息。于成龙到直隶上任以后，离家乡已经很近了，亲戚朋友往来很多，请托送礼的人也很多。于成龙仍然坚持了清廉原则，顶住了情面压力。

二月十二日，翰林院掌院学士库勒纳和一等侍卫对亲，奉旨赶到于成龙临时居住的地方，将皇上赏赐的一千两内帑白银和鞍鞯齐全的御乘良马，正式颁赐给于成龙。（内帑白银，是指皇宫内部的经费，等于是皇帝的私财，区别于户部管理的国库财产。）

二月十八日，大学士明珠又和库勒纳、对亲等人，将康熙皇帝亲撰亲书的诗卷，颁赐给于成龙。然后，明珠等人领着于成龙到康熙皇帝的"行殿"叩头谢恩。当时皇后下葬，康熙皇帝夫妻情深，也离开紫禁城送葬来了，所以住在"行殿"。

康熙皇帝为于成龙撰写的是一首五律诗，诗前还有序言。全文如下：

直隶巡抚于成龙秉性淳朴，廉介凤闻，朕心嘉赖。俾典节钺，保厘畿辅。唯能激浊扬清，始终如一。清洁之操，白首弥励。真国家之所重，人所不能也。兹来陛见，爰赐以诗，用示鼓励之义，且以风有位焉。

自昔崇廉治，勤思吏道澄。
郊圻王化始，锁钥重臣膺。
政绩闻留犊，风期素饮冰。
勖哉贞晚节，褒命曰钦承。

序文和诗句的意义没有太深奥的，就是赞美于成龙的清廉勤政，勉励他继续努力，保持晚节，同时借此劝诫其他官员，要向于成龙学习。

三月十四日，于成龙完成了安奉皇后梓宫的任务，回京复命。这次康熙皇帝没有召见他，只命他在宫门谢恩。同时传旨，再赐御乘良马一匹。于成龙领了马匹之后，感激不已，再次请求当面请安。康熙皇帝派人送出茶来，请老巡抚喝杯御赐的茶，然后就命回保定府。

于成龙于是就带着皇帝赏赐的两匹御马、一幅诗卷、一千两内帑银子回到了直隶省会保定府。两匹御马，大概是留着自己乘骑了。那一千两银子，有记载说是捐出去买粮赈灾了，也有记载说回籍葬母时用了一部分，周济贫寒族人用了一部分。

离任时再荐贤才

康熙二十年（1681年）年底，六十五岁的于成龙向皇帝请假，要求回家乡正式安葬去世多年的母亲。继母李氏去世后，于成龙多次请求辞官守孝，但因为"三藩之乱"战争没有平息，正是用人之际，上级没有批准于成龙的请求。这年，战争终于结束了，于成龙就趁机请假，完成孝道。同时，他年事已高，也想借此退休，颐养天年。但康熙皇帝只批准于成龙三个月的假期，要求他安葬母亲之后，立即回来上任。紧接着，康熙皇帝又连发两道圣旨，提拔于成龙为两江总督，又挂了兵部尚书的兼衔。这样，于成龙就没办法再说退休的事了。

在离任前夕，于成龙妥善处理了直隶的各项公务。直隶巡抚的第一助手，是守道参议董秉忠，前任巡抚金世德病故后，于成龙尚未到任的那段时间，董秉忠曾临时署理直隶巡抚的职务。这次，于成龙向康熙皇帝上疏请示，自己离任后，仍然由董秉忠临时代理巡抚职务。皇帝批准了。

直隶巡抚衙门的"笔帖式"朗图，在任七年有余，精通满汉文字，擅长翻译，而且为人诚实谨慎，精明勤奋，安分守法，从不干涉外务，是于成龙的得力助手。于成龙请求皇帝批准，把朗图带到两江去任职。皇帝也批准了。之后，于成龙再次向皇帝上疏举荐直隶境内的几位中下层贤能人才。他说："以人事君，人臣之谊。臣谬荷知遇，抵任一年有余，于所属各官细加察验，更时为劝勉。"

康熙二十年（1681年），他曾将直隶守道参议董秉忠、阜城知县王燮举荐给朝廷。往宣府赈灾时，又将南路通判陈天栋举荐上去。后来，王燮被吏部批准"行取"，董秉忠和陈天栋则未予注册。于成龙在奏疏中说，董秉忠和陈天栋"贤绩已达天听"，请求皇帝在适当的时候予以提拔重用。

于成龙另外还说，柏乡县知县邵嗣尧"矢志清洁"，高阳县知县孙弘业"留心弭盗"，这样的人才直隶有很多，还需要一段时间的磨砺，将来必堪重用。"较然不欺，卓有成绩"的突出人才还有两位，一是通州知州于成龙——具恬淡之性，优通变之才，治剧理繁，允堪器使。另一位是霸州州判卫既齐——化浮嚣之气，凛清白之操，任州幕而讲学不辍，署县篆而满汉咸和，可当大任。奏疏入朝后，经过部议，邵嗣尧等人准予注册，日后都得到了提拔。康熙二十一年（1682年）三月六日，虚岁六十六的于成龙，从直隶省会保定出发，进山西省，奔赴自己的永宁老家。

当年初仕罗城，他是四十五岁的中年人，满腔豪情，一主五仆，慷慨赴任，发誓不昧"天理良心"。如今，已经是堂堂一品大员，仪仗赫赫，荣归故里。可惜白发萧萧，瘦骨支离，不复当年的英武情态。途中经过号称"京西四大名关"的固关时，他写下了一首感慨万端的诗：

> 行行复过井陉口，白发皤皤非旧颜。
> 回首粤川多壮志，劳心闽楚少余闲。
> 钦承帝命巡畿辅，新沐皇恩出固关。
> 四十年前经过地，于今一别到三山。

于成龙在这首诗中回顾了自己的一生。广西、四川、湖北、福建、直隶，又点出自己四十几年前就曾经路过固关，当时应该是考上了"副榜贡生"，到北京国子监报到去的。最后说"于今一别到三山"，是指不久之后要去江宁上任了。

第六节　督江宁积毁销骨　辞尘世动地感天

于成龙于康熙二十一年（1682年）四月抵达江宁，上任两江总督，康熙二十三年（1684年）四月在任所病故，在这个职位上的工作时间刚好是两年。其工作性质与直隶巡抚类似，只是管辖范围扩大到三个省，事务更加繁多，责任更加重大。而且，两江是大清朝最繁华最富庶的地区，是中国的经济重心，朝廷和地方的贪官污吏，都把眼光投注到这个地方，让于成龙备感棘手。在这个时期，他经历了人生中最剧烈的一次宦海风潮，虽然在皇帝的保护下勉强过关，但也身心俱疲，积劳成疾，结束了自己不平凡的一生。

单骑孤装赴江宁

于成龙的日程安排是很紧张的，康熙二十一年（1682年）三月六日从保定出发，几天后回到山西永宁老家，办理安葬老母的大事。这件大事，其实于廷翼兄弟早就准备停当，只需要于成龙本人以孝子的身份到现场行礼，亲送老母灵柩下葬而已。一品大员葬母，当地的官吏、绅衿，也免不了一番必要的礼貌应酬。于成龙节俭而隆重地完成了一宗大事。

于成龙和分别多年的老妻邢氏团聚了短短的几天，与儿子孙子媳妇们在一起享受了珍贵的天伦之乐，然后就匆匆出发了。

这次上任，和二十多年前赴任罗城的冷清情形当然完全不同，但于成龙毕竟已经虚岁六十六，身体衰弱，家里人免不了伤感一场，仍然安排幼子于廷元陪同上任，一路上有个照应。

熊赐履的记载说，于成龙和于廷元两个人，身上各装了几十枚制钱，雇了一辆骡车，一路上也不住公馆，省吃俭用，悄悄地赶到了两江总督驻扎的江宁城（今江苏省南京市）。

陈廷敬的记载说，于成龙是"单骑孤装赴江宁"，并且事先调查了两江地区的几十项弊政，上任后立即整顿。

袁枚的记载说，江宁的官员们听说于成龙要来，都有些恐惧，早早地就出城迎接，但于成龙躲开迎接队伍，悄悄进入了总督署。

这些记载虽然有些差异，但都强调了于成龙的清廉节俭、作风低调以及雷厉风行、高深莫测。

熊赐履当时就住在江宁城，又是于成龙晚年的好朋友，他的记载应该是有道理的。不过，永宁到江宁那么远，好几千里路，于成龙父子只拿百十个制钱，怎么可能够花？以前上任福建，都有当地的差役来迎接，这次上任江宁，难道就没有人来接了？

依笔者的理解，于成龙父子大概是进入两江地面后才摒去仆从，微服而行，一路上做些调查研究，最后悄悄地进入江宁城。

制伏大盗鱼壳

于成龙上任之初，还发生过一个制伏大盗鱼壳的传奇故事。这故事是袁枚讲的。

江宁有名大盗叫鱼壳，武功高强，党羽众多。平时又投靠在江宁驻防都统的门下，地方官拿他没有办法。在后世的武侠小说中，鱼壳的形象被重新塑造，成了一名大侠客。

于成龙上任的时候，单骑入府，让远道相迎的地方官员扑了一个空。然后大家就商量着好好宴请于成龙一下，结果准备了几次盛宴，请了于成龙几次，总督大人都拒不接受。大家都慌慌张张的，不知道该怎么办才好。这时候，有一名按察使站了出来，他是于成龙的"年家子"，也就是一位同年好友的儿子，属于世交关系，于成龙是不好驳他面子的。

按察使对于成龙说："大人太过于清严，这样上下之情不通，以后不好共事啊。还是由我出面宴请一次，大家欢聚一下，认识一下。"

于成龙果然没有严词拒绝，而是笑着回答："与其拿别的东西来宴请我，不如去拿住鱼壳，这才算一份大礼。"

按察使一听，明白了。既然总督大人吩咐下来了，那就赶紧办吧。有于总督撑腰，应该是不怕江宁驻防都统那座靠山了，但鱼壳武功高强，一般人还真拿不住他。所谓"重赏之下，必有勇夫"，大家拿出一千两银子的赏金，公开招募武林高手。

这故事真像小说一样。榜文才贴出去，就有一位名捕雷翠亭来应募。官员们挨着个儿地会见雷翠亭，握着他的手嘱咐道："我们大家的脸面，全靠你了！"然后把赏金发给他，再按照惯例，把雷翠亭的家属扣起来做人质，免得他反悔跑掉。

接下来的故事更有戏剧性。雷翠亭打听到鱼壳正在秦淮河召开"群盗大会"，就化装成乞丐，到"群盗大会"上讨饭。鱼壳是武林高手，哪能看不出雷翠亭的行藏，他用匕首扎了一块肉，送到雷翠亭的口边。雷翠亭从容不迫，张口就咬住那块肉，吃了下去。按武侠小说的惯例，一般还会把刀尖咬断，再发内力喷出去，扎到房梁上。

鱼壳惊奇地说："你绝不会是普通乞丐，你一定是替'于青天'来抓我的吧？好吧，我不连累你这位英雄，跟你走吧，反正监狱也关不住我。"

雷翠亭朝鱼壳拜了几拜："多谢你的理解支持！"然后他手一招，捕役们从外边进来，也都朝鱼壳恭恭敬敬地行礼，再把锁链给鱼壳套上。江湖人物嘛，都有那么一套江湖气概，鱼壳从容不迫地戴上刑具，让捕役们簇拥着送到监狱。

任务圆满完成，地方官员们当然是互相祝贺、庆功。雷翠亭的一千两银子算是真正赚到手了，妻子儿女也平安回家了。

接下来的故事更富传奇色彩。

当晚，于成龙正在署中秉烛而坐，忽听房梁上一声响动，一名男子手持匕首，翩然跃下。于成龙喝问："你是谁？"那人答道："我就是鱼壳。"于成龙把官帽子取下，放在桌上。然后从容指了指自己的脑袋，说："拿去！"鱼壳笑道："我要杀你，当然不会等你下命令才杀。刚才我从房梁跃下时，好像有东西打了我一下，我的手已经不能动了。大人您一定是神人，我恶贯满盈，认命了。"说完，把匕首衔在嘴里，把两手放在背后，跪下来向于成龙服罪。于成龙说："国法有市曹在。我不能饶你，但可以免了你家属的罪。"命差役取一壶酒给鱼壳喝了，把他绑在射棚下边。

天亮以后，监狱才发现犯人已经逃脱，刚刚庆祝过的地方官员们又害怕起来，都赶到总督辕门谢罪。而于成龙，早就让人把鱼壳押到西市处决了。

想方设法举荐人才

康熙二十一年（1682年）六月，于成龙向朝廷上《请暂停江苏举劾疏》，其中一段内容为：

> 江苏现届二年举劾之期，臣自四月任事，虚衷察访属员。有立身以名节自励，而设施未洽民情；行已在清浊之间，而举动未撄民怨。盖贤非循卓之优，不贤非污墨之甚，恐举之劾之，不足以为未举未劾者愧励，请暂停此次举劾。其贤者，臣奖进诱掖，徐观厥成，特疏题荐；不贤者，教诫以期自新，倘怙恶不悛，亦特疏纠参，无稍姑容。

这段话的意思是，江苏省的官员们，好的还没有做出真正的成绩，坏得也没有到违法犯罪的程度，请求朝廷暂时停止这年的"举劾"工作。我自己将对官员们进行适当的教育，奖励好官，批评坏官，然后用随时"特疏"的方式，举荐真正的贤才，参劾真正的贪官。康熙皇帝接到奏疏后，批示同意了于成龙的做法。

在这篇疏文中，于成龙还提到，"安徽所属，臣已恪遵成宪，采访得实，照例举行。"并不请求暂停"举劾"。至于江西省，则一字未提，似乎也在照例举行之列。《清史列传》中引用了这份疏文，是把它当成了于成龙的一种执政风范，严肃认真，实事求是，不随意地举荐和参劾下属，一定要等"采访得实"后才进行。其实，这里头的背景更为复杂一些，江苏是当时全国最富庶又最繁剧的地方，不管是好官坏官，都有或多或少的违纪问题。有的是自身原因，有的则是客观原因。如果按照严格的制度进行举荐参劾，恐怕是举荐人人无份，而参劾人人有份。精明的于成龙，是想绕开朝廷那套严格制度，然后用"特疏"的方式，破格举荐真正的好官，参劾真正的坏官。

把"小于成龙"调了过来

康熙二十一年（1682年）六月十九日，江宁知府陈龙岩病故，江宁知府这个最重要的职位便空缺出来。于成龙向朝廷上了《请补江宁知府疏》，几乎是指名道姓地请求康熙皇帝安排自己在直隶工作时就赏识的通州知州于成龙或霸州州判卫既齐调任江宁知府。

他在疏文中说：

> 江宁知府一官，不独为八邑之表帅，而实为通省之领袖……到任以来，目睹江宁知府陈龙岩老成持重，廉洁自矢，且其料理各

项钱谷，应付过往官兵，尤征肆应之才。臣幸其得一良吏，可以收臂指之效，而表式乎群僚。不意于康熙二十一年六月十九日未时病故，臣闻报如失左右手。窃念朝廷储养人才，固不乏才德兼优之侪。但吏部铨选，原有定例。今该府员缺，部臣自必循资按格，掣签推补。诚恐所推者操守有余而才干不足，或才干可观而操守难凭。以之经理重地，难免覆𫗧之虞。必得才守兼全如臣任直隶巡抚所荐通州知州于成龙、霸州州判卫既齐，区画一切事务，庶可政修事举，胜任而愉快。仰请皇上俯念江宁知府一官关系最重，不拘铨选常例，敕部立速捡选或命廷臣会推清操久著干练成效者，星驰赴任。

江宁知府的职权，相当于今天的南京市委书记或者市长，品级虽然不高，但工作极端重要。江宁城里头，有总督，有皇上钦差的江宁织造，还有驻防的满洲将军，人事关系极端复杂。作为亲民之官的知府，其实是个"大受气包""大磕头虫"，能管他的上级太多，他自己负责的事务也太多，没有足够的才能是干不好的。同时，这个职位也是个"大肥缺"，贪污受贿、发财致富乃至向上级行贿的机会都很多，是官场腐败链中的重要一环，稍有不慎就会出事，所以于成龙要求选派操守和才能都比较突出的官员来接任。

　　于成龙在疏文中点出了通州知州于成龙和霸州州判卫既齐的名字，按当时的规矩这是违例的，总督没有权力向朝廷指名要人。但于成龙玩了个文字游戏，并没有直接要这两个人，只是说必须选派像他们两个这样德才兼备的人才。他的正式要求是不要用"循资按格，掣签推补"的常规方式，改用"捡选"或"廷臣会推"，也就是专门开会研究江宁知府的人选。疏文报到朝廷后，吏部当然不肯接受，说知府这个级别的官员，从来没有"廷臣会推"的先例，只能按常规方式办理，根据官员的任职资格，抽签决定。疏文最终还是要给皇帝看的，康熙皇帝头脑聪明，一看就明白了于成龙的真实意图，他就是想要小于成龙或者卫既齐。于是下旨说，不用"会推"了，就派通州知州于成龙到江宁上任去吧。

"小于成龙"本来是从五品的知州，多年来因为盗案难完，屡受处分，没有升官的机会。这次在"老于成龙"的巧妙举荐下，直接升为正四品的知府，确实是相当不容易。两位"于成龙"同城为官，也可称是官场上的一段佳话。

保护镇江知府高龙光

镇江府位于江宁府的东南方，长江与大运河的交叉处，与扬州隔江相望，地理位置十分重要。当时，镇江府知府高龙光，是一位德才兼备的清官。他曾经捐俸银在镇江修建书院，还主持修纂过《镇江府志》。另外，此人清正廉明，办事干练，深受当地百姓爱戴。但是，高龙光的官运不太好，康熙十九年，处理"漕船"事务违限，事后被朝廷追究，降级调任。

于成龙是十分爱惜人才的，他听说了高龙光的情况后，立即向朝廷上疏，要求将高龙光留任。他在疏文中说：

> 京口滨江负海，地处冲要。又当闽浙孔道，素称繁剧。且为

旗营驻防之所,军民杂处,豪暴间出,非偏僻旁郡可比。臣驻扎省会,抚臣亦相距稍远,耳目或有难周,所赖道府弹压整顿,良非浅鲜……臣自到任以来,凡要地郡守之淑愿,尤必加意体访,目睹镇江知府高龙光守绝一尘,才长肆应,革除耗羡,屏绝馈遗,真以实心而行实政。他如绥靖地方,审理逃务,调剂得宜,旗民允服。无悉表帅,允称理繁之任。似此才守兼优之员,正可砥砺官方,方期久任奏效……查定例,被降之官果系清廉爱民良吏,许该督抚题请留任……

康熙十三年（1674年）,于成龙本人因为造桥失误被朝廷革职,多亏巡抚张朝珍设法保护,戴罪立功,很快就官复原职。如今,他位高权重,也刻意地去保护清官能吏。其实,这也是间接地为一方百姓造了福。

笔者查了高龙光的资料,于成龙的请求得到了朝廷批准,康熙二十四年皇帝南巡的时候,高龙光仍然是镇江知府。而康熙二十五年范鄗鼎为于成龙申请入祀三立祠的时候,曾经有山西提学道高龙光的批文。不知道这位高龙光是不是那位镇江知府。如果是的话,高龙光此时已经做了正三品官了。

举荐江苏藩司丁思孔

康熙二十一年（1682年）十二月,于成龙和江苏巡抚余国柱联名上疏,破格举荐江苏布政使丁思孔。为什么说是破格举荐呢？丁思孔在布政使任上干了好多年，为国家做的贡献也非常大，可谓劳苦功高。但是，江苏布政使主管全省财政，责任实在是太过重大。江苏百姓的赋税负担比其他省的要重好几倍，往往很难完成，每年都有大量拖欠。朝廷一追查责任，布政使就难辞其咎，所以丁思孔身上背了很多处分，苦不堪言，早就失去了举荐升官的资格。

于成龙在疏文中，首先大发议论说：

> 论人授官，固当就才之短长以分繁简；若就官论人，又当按地之繁简以定高下。江南赋重役繁，民生凋敝，兼以水旱频仍，供亿四出。官斯土者，长才欲黾勉而回头无进步之阶，短才困积逋而束手鲜周身之策。案牍日见纷纭，催科日渐繁苦，求其痛自鞭策，志期上达者，屈指不见一二。

然后，他又叙述自己和巡抚余国柱上任以来管理教育官吏的情况：

> 朝乾夕惕，茹药饮冰。上以期答朝廷委用之重，下以期慰生民乐业之望。细事必出于躬亲，勺水必凛于夙夜。凡属吏公事进见，多方训诲，随事禁饬。严其守又察其所守之真伪，勤其政又访其敷政之宽严。莫不争相濯磨，矢志厘剔。

意思是说自己和巡抚对官吏们的管理、教育、考察都很严格，而官吏们的工作积极性和业务水平都大有提高。但是结果又怎么样呢？他接着说："未几而以盗案降级者见告矣！未几而以逋欠落职者见告矣！未几而以违限处分者见告矣！"在不合理的考察制度下，大部分官员身上都背了处分。然后，他又详细介绍江苏布政使丁思孔上任以来的种种不平凡的政绩。接着说："丁思孔历任既久，参罚固多，既不敢违例以入卓异之列，又不敢拘例以蹈蔽贤之愆。"最后说，丁思孔即将"入觐"，到京城述职，希望皇上能够亲自考察这个人的"才能贤否"，如果我们"所举不谬"，就请皇上"破格擢用"。

清朝官员做事都有个特点，就是尽可能地把办好事做好人的机会留给伟大的皇上。于成龙和余国柱的疏文里最后请皇上亲自考察丁思孔，但疏文到了吏部之后，吏部还是故作严肃地批复了一个"勿庸议"，意思是太荒唐了，不予理会。最后，疏文呈到康熙皇帝手里，皇帝沉思着点点头，嗯，这个江南省确实是太过繁剧了，做官也太不容易了，这个丁思孔也太有才太可怜了，就准他为"卓异"吧！

过了几天，丁思孔忧心忡忡地跑到京城述职来了。康熙皇帝亲自召见，当面考察一番，决定提拔他，调到湖广省任偏沅（湖南）巡抚。

两江地区的治理效果

于成龙在两江地区大规模地征求意见和建议，大规模地推行一系列兴利除弊措施。时间不长，就取得了明显的效果。熊赐履当时就生活在江宁城，是于成龙"两江新政"的见证者之一。他在《于成龙墓志铭》中是这样描述的：

南中人闻公简命，则亦骇汗股栗，转相告语曰："于青天来矣，我侪尚如此装饰耶？"……无何，金陵阖城尽换布衣，即婚嫁无敢用音乐。士大夫减驺从、毁丹垩，至于惊怖喘卧不能出户者。长干、朱雀、雨花、桃叶，旧时歌舞游乐之地，一旦阒寂如僧舍，奸人、猾胥各挈妻孥鸟兽窜。盖公未入境，而江淮间已大改观矣。公至，则绳之益力，略无假借。惩习顽、抑僭滥、禁苞苴、革加派、举廉劾贪、劝学讲约，期月之间，两江数千里盖骎骎乎丕变矣……公尝微行，或肩舆或徒步，早晚出入僧舍中。于是人人转相惊愕，各有一公在眉睫间，仿佛如或见之。举凡面赤须白，形貌微似公者，即皆折目以为公。儿女床第间语亦不敢高声，曰："于总督得无闻之？"梦中、醉中喃喃呓语，亦或大呼于青天、于青天云……

熊赐履的记载颇具传奇色彩，难免有过誉的情况。但他毕竟是见证人，是亲历者，不由人不相信。《清史稿·于成龙传》的介绍文字则相对简洁一些："江南俗侈丽，相率易布衣。士大夫家为减舆从、毁丹垩，婚嫁不用音乐，豪猾率家远避。居数月，政化大行。"

也就是说，于成龙来到两江之后，一向奢侈的有钱人家都脱下锦绣衣服，换上了粗布衣服；官宦人家出门时减少了轿夫随从，毁掉了房屋墙壁上的违规彩绘。婚嫁庆典上，都不再唱戏奏乐。而违法乱纪的豪强，干脆来了个大搬家，离开了两江地区。几个月之后，两江的风气有了明显的改善，政化大行。

不改清廉风范

因为工作太忙，于成龙喝酒的爱好有所节制，常常不能够痛快地大醉一场。他家仆人成天购买青菜来下饭，老百姓给于成龙起了个新外号叫"于青菜"，还有说他一天只吃一盂糙米饭一匙粥糜的。有天晚上，于成龙办公到深夜，肚子饿了，让仆人煮点稀粥来喝。仆人说家里没米了，煮不出稀粥，于成龙只好笑一笑，算了。

主人是如此，仆人们自然也要跟着学，家里没有茶叶喝，就摘总督署中一棵槐树的叶子来泡茶，时间长了，把一棵大槐树都摘秃了。

在炎热的夏天，于成龙用一种又粗又破的苧布做帐子，根本挡不住蚊子。他规矩又大，于廷元等人陪侍时，必须衣冠整齐，经常穿一件蓝布大袍，浑身都是汗，既不敢脱衣，又不敢挥扇。而到了冬天，一家几口人仍然穿粗布衣服，太冷了就加一件棉袄，没有一个穿皮衣的。一品大员的后衙生活，过得就是这个样子。

而在外边的官场上，因为有于成龙的表率和禁令，那种互相送礼、互相宴请的风气也完全改观。端午节的时候，于成龙出去和官吏们聚会，居然没有人敢送粽子给总督大人吃。

在公务方面，年老体衰的于成龙做得比以前更加勤勉，不敢有丝毫懈怠。所有文件都是自己亲自批阅、答复，从不假手他人。常常是天不亮就起床办公，夜深了工作还没有做完。吃饭、睡觉当然是常常耽搁不按时了。有人劝他注意休息注意饮食，于成龙说：

吾非不知食少事繁，养生所忌。第吾受国厚恩，两江官吏多至千百，何可尽劾耶？所以为此者，冀其见闻知警，使归于廉慎。吾虽尽瘁，于国家所得不为多乎？

这段话记录于陈廷敬的《于清端公传》，用白话解读就是："我并不是不知道，吃得少，干得多，是养生的禁忌。但是，我深受国恩，两江的官吏成百上千，我又不能完全采用参劾的手段来治理他们。我这么做，只是希望他们能够警惕起来，做个清廉谨慎的官员。如果能够这样，即使我自己劳累死了，对国家却有更大的好处。"

大清官也有挨整的时候

于成龙严以律己，宽以待人，从来不喜欢用参劾的手段处罚下属官员，只是苦口婆心地进行批评教育。但是，批评教育时，信奉因果报应的于成龙免不了用恶毒的语言咒骂某些官员，这样就得罪了一批人。另外，他推行了一系列兴利除弊措施，严厉整顿官场秩序，也得罪了一大批权贵和贪官污吏。官场原本就是个大江湖、大战场。你不想参劾别人，并不意味着别人就不想参劾你。

到了康熙二十二年（1683年）十月，风云突变，波涛汹涌。在江南督造漕船的副都御史马世济，回到北京后，上疏参劾两江总督于成龙。疏文大略为：

于成龙向有声誉，初到江南，美名如故。闻其自任用中军田

康熙御赐"高行清粹"碑

于成龙夫妇墓碑残块

来堡村真武庙

万侯之后，人多怨言。臣奉差在南，见其年近古稀，景迫桑榆，道路啧啧，咸谓田万侯欺蒙督臣，倚势作弊，因未有实据，难以入告。督臣衰暮，不能精察，故匪人得以播弄而败善政。且各有司衙门皆有督臣秽言告示，污蔑各官。如果各官不法，何难白简题参；若俱循良，岂可凭空凌辱？显系小人播弄督臣，令其虚张声势，就中取利。请罢黜万侯，并令成龙休致。

这就是于成龙晚年面临的一次宦海风潮。

我们首先说说马世济参劾的内容。马世济没有直接攻击于成龙，还赞美他到江南后"美名如故"，却把矛头对准了于成龙的直接下属、中军副将田万侯，说于成龙本人年老糊涂，被田万侯欺骗，办了很多错事，民间怨声载道。最后还说，各州县衙门里头都有于成龙颁发的"秽言告示"，污蔑凌辱下属官员。所谓的"秽言告示"，主要是指那份《示亲民官自省六戒》。另外，于成龙还有一段著名的骂学政的话，说得也够难听的：

衡文者，爱惜人家好文字，尔子孙有文字，定为衡文者爱惜。若一味爱钱，只恐子孙纵会做文字，决不出头。更恐鬼神怒恨，生出瞎眼子孙，上长街唱莲花落，要看字也不能够了。莫笑老夫迂谈。

笔者查到，当时担任江南学政的有一位叫田雯，进士出身，是清代的文学家。史称其在任时"所取士多异才"，工作是很有成绩的，而且为人也颇有清廉之风。另有一位学政叫赵崙，是山东人，在于成龙的严格监督下，工作很有成绩，受到于成龙的好评和尊敬，还让于廷元拜他为师。可能是江南科举风气太坏，弊端太多，于成龙把账都算到学政头上，痛骂了他们好几次，这也不能不引起别人非议。

马世济很不客气地说，如果官员们有违法行为，于成龙为什么不公开参劾？如果官员们没有犯错误，那怎么能够凭空凌辱？这肯定是小人在欺骗挑拨于成龙，恐吓下属，然后小人就可以从中取利了。最后，马世济请求朝廷罢免田万侯的官职，并令负有连带责任的于成龙退休。

马世济的奏疏非同小可，康熙皇帝让各部院大臣认真讨论。部臣们认为，马世济的参劾没有真凭实据，如何定罪呢？还是听听于成龙的意见，让于成龙根据参劾内容，"明白回奏"。

于成龙接到圣旨后，免不了吓出几身冷汗。反复思考了半天，最后决定采取很低调的态度，老老实实地回答问题。按照他的一贯思想，官员被人参劾、揭发之后，首先应该反躬自省，引咎辞职，而不应该争辩抵赖，有失体统。他的回奏内容是：

> 臣到江南，期以兴利除害，察吏安民，仰报知遇。无奈两江之吏治、营务、刑名、钱谷，繁剧实甚。臣昼夜拮据，躬亲料理，从不敢寄耳目于左右。然近习难防，或有窥伺欺弄，臣亦安能保其必无？宪臣马世济疏称中军田万侯倚势作弊，臣实未之觉察也。至于告示一节，或地方之利弊，民生之疾苦，臣有见闻，即通行禁饬，无非以利害祸福之言痛切告诫，其词未免过于峻厉，似涉秽言污辱。宪臣马世济疏称小人播弄，令其虚张声势，就中取利，臣亦未之觉察也。此皆臣之衰迈昏聩，何以自解？若夫臣之年近古稀，景迫桑

榆，久在皇上洞鉴之中，虽殚精竭虑，不敢稍自宽假。然气衰力疲，龙钟之状，大非昔比，臣又何敢自讳？乞敕部严加议处，以为大臣溺职、有初鲜终者戒。

　　于成龙的这份回奏，其实也是绵里藏针。他说两江的工作非常繁重，但自己一直是"躬亲料理"，态度非常认真，从来不敢轻信身边工作人员的话，这就否认了被人"欺蒙"的指责。只是不敢把话说得太绝对，留了一点余地，"窥伺欺弄"的事，不能保证完全没有。对田万侯"倚势作弊"的事，他的回答是"未之觉察"，也就是没有发现。其实，他成天严查别人家的"衙蠹"，对自己身边的人，怎么能够不查呢？没有发现，基本上就相当于并无此事了。对"秽言告示"的事情，于成龙承认自己批评教育下属，说话确实过分了一些，但都是为了地方的利弊，民生的疾苦，没有私心在内。对"小人播弄"的事情，他也回答了一句"未之觉察"。最后是老实承认自己年龄确实偏大，精力确实不足，但工作态度确实是十分认真的。这些事皇上都知道，就请严加处分吧。

　　北京的大臣们接到于成龙的回奏，再次认真讨论。这时候，难免被明珠等人把持了会议的风向。最后，分管武官的兵部做出结论说："既然于成龙说，田万侯倚势作弊，就中取利，没有觉察，那就应该革掉田万侯的副将之职。"分管文官的吏部做出结论说："既然于成龙声称年龄太大，身体不好，那就让他退休吧。"

　　处理意见送到康熙皇帝手里，皇帝前后看看，搞了半天，还是没有什么真凭实据，怎么能处理这么重呢？但事情闹到这个程度，说明于成龙和田万侯确实得罪了一批人，不处理一下，难平众怒。最后决定："于成龙留任，田万侯降级。"

这是《清史列传》的说法。《清史稿》说，田万侯不但降了级，还被调走了。于成龙的留任也没有那样简单，还被降了五级，去世后才予以开复。我们算算账，从一品降五级就是正四品了。如果以前的"记录三次"还在，抵消一下，是降到从二品。

梧桐树下的理学对话

奏疏上报给了朝廷，处分却还没有立即下来的时候。于成龙的情绪有点不稳定，成天心慌意乱的。他很爱惜自己的名声，以前官小，不怕处分，大不了不干了。现在官至两江总督，一品大员，康熙皇帝多次表彰，全天下人都知道有个大清官于成龙，真要背个处分被革职回家，自己名声扫地不说，也对不起提拔重用自己的康熙皇帝啊。于成龙心里苦闷得不行了，就跑去找原武英殿大学士熊赐履交流。

于成龙在黄州时，就和熊赐履有过交往。熊赐履很敬重于成龙，经常在京城的官员中间宣传于成龙的政绩名声。于成龙呢，也把熊赐履引为知己，到江宁上任后，经常去熊宅拜访。于成龙也没有钱，帮不上熊赐履什么忙，但两人意气相投，聊得很开心。现在，于成龙有了不开心的事了，还是找熊赐履来解闷。

熊赐履家里有两株梧桐树，每次于成龙来了，俩人都在树下品茶。这次，仍然是坐在梧桐树下，于成龙谈起了自己的担忧，熊赐履慷慨激昂地说："公亦虑此耶？大丈夫勘得透时，虽生死亦不可易，何况其他？"

这就是于成龙和熊赐履交往的著名的"梧桐树下语",在后世颇有流传。所谓"大丈夫勘得透时",也就是理学家平时说的"体认天理",或者就是于成龙出仕时讲过的"不昧天理良心",在这个事情上有明确的体会,坚定的信念,即使在生死关头也不会改变,何况是丢官背处分这样的小事?熊赐履当年在官场上翻船,既有别人的诬陷和排挤,也有他自己的失误,但他罢官后宠辱不惊,潇洒处世,也确实有一种"勘破生死"的大风范。于成龙一听,立即省悟,再拜受教。回到总督署中,他就安心吃自己的青菜,喝自己的稀粥,等待朝廷的处分了。而且,就是在晚年的这个时期,于成龙自号"于山老人",表达了自己期待退休归隐的愿望。

于成龙在康熙二十三年(1684年)初春上了请求退休的奏疏后,心里仍然不太踏实,不知道这次乞休能否得到批准,自己能否平安地回到家乡,叶落归根,以后在儿孙的环绕下安详地离开人世。他又一次去拜访熊赐履。

这次熊赐履不在家中,而是住在清凉山的别墅。他没有太多的话语,只是反问于成龙:"你忘了咱们在梧桐树下说的话了吗?"

于成龙一听,又是豁然开朗:"谢谢,谢谢,我明白了……"

积劳成疾,端坐而逝

风波暂时过去了,于成龙还是像平时一样,吃青菜喝稀粥,夜以继日地办理公务。只是,老人家的身体一天比一天差了,两眼昏花,听力衰退，心脏有了毛病，晚上还会失眠。康熙二十二年（1683年）秋天，他曾经患过疟疾，可能一直就没痊愈，到康熙二十三年（1684年）仍然不时发作。有时几天吃不下饭，有时则大量呕吐。

康熙二十三年（1684年）农历四月十八日的早晨，深受疾病困扰的于成龙早早就醒了。他从床上爬起来，穿上衣服，准备去办公。还没有走出房门的时候，疾病就发作了。仆人们赶紧扶他坐下，然后召集僚属，说老总督不行了，还有话要吩咐。诸司官员们迅速赶到，于成龙强忍病痛，拣紧要的公事吩咐了几句。还没有来得及吩咐家事，老总督就走到了人生的最后关头，精力耗尽，油尽灯枯，坐在椅子上静静地离开了人世，终年六十八岁。按现在的周岁算法是六十七岁。

如果按照现代医学的说法，于成龙应该是心脏病或者脑血管之类的疾病突然发作，导致了迅速死亡。如果和平时的政务操劳以及去年的宦海风潮联系起来，则属于忧心忡忡，积劳成疾，导致了死亡。在古代，六十七岁的年纪，虽然不算是高寿，也可以说是老年人的正常死亡。对朝廷和康熙皇帝来说，于成龙最后死在"执行公务"的时候，确实可称是鞠躬尽瘁，死而后已，确实是忠心可嘉的。

古代的高僧大德，去世时常采取"吉祥卧"或者"跏趺坐"两种姿势，记载中常用"端坐而逝"的字眼，表示其"生死自在"的修行水平。于成龙一生严于律己，积德行善，信奉"天理良心"，算是一位综合儒释道各家的修行人。他最后坐在椅子上去世，这个细节也被当时的人们注意，认为于成龙的修行达到了一种很高的境界。

陈廷敬在《于清端公传》中记载说："四月十八日晨起视事，未出户，疾作。召诸司语，不及家事，端坐而逝。至夜漏四十刻，坐不欹倚，颜色如生，年六十有八。"

我们解读一下这段文字。古代一天分为一百刻，每刻大致相当于现在的十五分钟。于成龙是早晨去世的，到天黑时，大概过了四十刻，也就是十小时左右。在这段时间里，他一直端坐在椅子上，身体并没有倾侧歪斜，也没有靠到椅背上。他的面容、神色，在这段时间内也保持着活着时的样子，并没有变化。

在两江总督的官署中，只有几名仆人，并没有亲属，也没有事先给于成龙准备寿衣、棺材等丧葬用品。他去世以后，官署里一片忙乱，大家商量后事，准备东西，到天黑以后才给于成龙装殓。所以，在这一整天里，于成龙的遗体就端端地坐在那里，没有人移动，他也保持了一整天的"端坐而逝"的神奇状态，仿佛高僧圆寂一般。

笔者很愿意相信，一生讲究"天理良心"的于成龙，完成了他的从政誓言，达到了他的人生目标，最后融入了他追求的至高境界。他晚年写诗回忆少年时代在安国寺读书的情态，最后两句为："四十年来魔障尽，好教拂袖紫霞端。"对他来说，人生好比是个"苦海"，是来"消除魔障"的。如今，"魔障"已尽，自然拂袖而去，回归天宫仙界，与紫霞为伴了。

江宁城沉浸在巨大的悲痛中

于成龙活着的时候，大力整顿官场风气，大力整顿民间风气，好像得罪了很多人，有很多政敌和仇家。但他去世的消息传开以后，江宁城忽然就沉浸在一片悲痛之中。老总督的德政和善举，毕竟还是深入人心的。

首先，是一批文武官员，赶到总督署中，为于成龙料理后事。以前，他们听说过于成龙清廉、清苦，过的是苦行僧的生活。现在，他们真真实实地看到了。原来对于成龙有成见有敌意的官员，这时候也忍不住泪流满面，感慨万端了。且看陈廷敬的记载："将军、都统、寮吏来至寝室，皆见床头敝笥中唯绨袍一袭，靴带二事，堂后瓦甖米数斗，盐豉数器而已，无不恸哭失声。"

原大学士熊赐履也去吊唁了，他记载说："公殁也，予以一瓣香哭公于丧，次瞻几筵，唯青灯布缦冷落菜羹而已。问其箧笥，则故衣破靴外无他物，盖公之素履卓绝类如此。"

得到官府的允许后，江宁城的父老乡亲、男女老幼纷纷来到总督署，一面吊唁、祭拜老总督，一面参观、瞻仰这位天下著名清官的灵堂和生活起居的后堂。且看丛澍的记载："公薨之日，举国若丧考妣，男妇童叟皆入公署，见孤灯荧荧，犹然在案，周身只见布被一床而已，清俭之节固千古所未有也。"

于成龙在任时，曾经平反大量冤狱。那些被于成龙解救过的老百姓，早就在自己家里设了于成龙的长生牌位，每天焚香供奉。现在，老总督去世了，他们就抱着牌位来到总督署祭拜，放声大哭一场，怀念青天于大人。据陈廷敬记载，江宁城的老百姓，还采取了"巷哭""罢市"等哀悼方式，自发地大规模地悼念于成龙。而每天到总督署祭拜的人数，多达几万。在哭祭于成龙的人群中，还有小商小贩、色目胡人、蒙藏喇嘛等各色人等。笔者阅读古人的记载，总疑心其中有夸张溢美的成分，但于成龙去世后江宁城里的哀悼盛况，笔者相信是真实的。那些对于成龙忌惮颇深的"势家"们，这时候免不了也要虚应故事，做做表面文章，到总督衙门祭奠一下，掉几滴虚伪的眼泪。而那些深受于成龙恩惠的广大百姓，却是发自内心的哀悼、纪念。这，绝对是真实的。

于廷元回乡应试去了，于成龙身边没有亲属，没有操办丧事的银钱，也没有准备好的寿衣、被褥、饭含、棺木。江宁知府"小于成龙"深受老总督的厚恩，这时候便责无旁贷，挺身而出，主动承担起一切治丧事务，买来寿衣棺木，将老总督好好地装殓起来。"小于成龙"的这番义举，后来受到了大家的一致好评。而两位"于成龙"肝胆相照，同城为官，清廉爱民的名声前后辉映，也是一段历史上的佳话。

康熙二十三年（1684年）七月，于廷翼带着家人赶到了江宁。他看见百姓们用焚化纸钱的方式祭奠于成龙，便劝告说："家父生平不爱钱票，请勿强加于他，往后祭祀莫用纸票。"

江宁百姓听从了于廷翼的劝告，从此不再用纸钱祭祀于成龙，但对于成龙的纪念，一直持续着，持续了好多年。在江南一带，从来没有哪一位封疆大吏，能得到老百姓如此长久的纪念。

老朋友熊赐履，受孝子于廷翼的委托，认真地为于成龙撰写了墓志铭，让廷翼带回去刻石。这是于成龙去世后第一份成文的传记资料。

魂归吕梁山

于成龙的灵柩回乡后，按一品大员的规格，享受了"祭葬"待遇，

御赐龙形碑首

于第二年被隆重安葬在今方山县峪口乡横泉村。

　　墓室风格独特，全部用白瓷碗砌成，碗里装有石灰和松香。石灰和松香都是天然的干燥剂和防腐剂，同时，石灰象征着"一世清白"，松香象征着"万古流芳"。而白瓷碗，则象征着"挽留"，象征着大家依依不舍的思念。

　　由于朝廷的全额拨款，一代清官于成龙在下葬时，墓中随葬了大量财物，属于"厚葬"。于大人一生清苦，吃糠咽菜，去世后却躺进了金银珠宝堆里，在黄土垅中享受那看不见的荣华富贵。邢氏夫人多年后去世，和于成龙合葬在一起。他们的墓碑，是由清朝名相、山西老乡、亲戚陈廷敬书写的。

第七节　人去后政声犹在　清廉风万古长存

于成龙是康熙皇帝树立起来的清官典型，他晚年被人参劾，传出许多负面的消息，确实也引起了康熙皇帝的疑虑。康熙皇帝从大局出发，妥善保护了于成龙，只给了他一个降级的处分，但心里的疑惑并没有完全消除。于成龙去世以后，康熙皇帝一开始只表示了谨慎的悼念，生怕这个大清官是伪君子。但后来的大量事实证明，于成龙是当之无愧的"天下第一廉吏"。

皇帝的纪念和思念

于成龙去世后的那年冬天，康熙皇帝第一次南巡。南巡的任务很多，其中就包括考察江南，顺便也考察考察已故总督于成龙。十一月，康熙皇帝到了江宁，见到了熊赐履、"小于成龙"这些人，了解到了马世济奏疏的某些内幕背景，这才对于成龙彻底地放心，彻底地佩服，知道自己确实没有看错人，没有用错人。他十分感慨地对小于成龙说："你一定要学习前任总督于成龙的正直洁清，才不会辜负朕的一番眷顾提拔啊。"

南巡结束回到北京后，康熙皇帝便开始放心大胆地表彰于成龙，他下诏说：

> 国家澄叙官方，首重廉吏，其治行最著者，尤当优加异数，以示褒扬。原任江南江西总督于成龙操守端严，始终如一。朕巡幸江南，延访吏治，博采舆评，咸称居官清正，实天下廉吏第一。应从优褒恤，为大小臣工劝，其详议以闻。

大臣们经过认真讨论，决定撤销以前给于成龙的处分，恢复原来的级别，追封为"太子太保"，谥号为"清端"。另外，给于成龙子孙一个国子监名额，以后可以出仕做官。这些官方评价完成后，康熙皇帝又撰写了一篇碑文和两篇祭文，隆重安排于成龙的葬礼。于成龙生前遭受的冤屈，可以说是彻底地平反昭雪了。

康熙二十七年（1688年），于成龙已经去世四年了，名臣傅腊塔被任命为两江总督。陛见时，康熙皇帝鼓励他说："你一定要洁己奉公。本朝的两江总督中，没有能超过于成龙的，你一定要向他学习。"康熙三十三年（1694年），傅腊塔在任所病故，得到了康熙皇帝的沉痛悼念。皇帝在诏书中，仍然拿于成龙和傅腊塔相比："傅腊塔和而不流，不畏权势，爱惜军民。两江总督居官善者，于成龙而后，惟傅腊塔。"

康熙三十三年（1694年）闰五月初六，翰林院在瀛台举行考试，考题是《理学真伪论》。收卷子的时候，康熙皇帝命大学士张英传旨：

"你们做《理学论》，哪知江南总督于成龙是个真理学……理学原是躬行实践……"

从此，"真理学"也成为于成龙的一个重要荣誉。康熙皇帝佩服于成龙，就是因为于成龙平生讲的空话少，唱的高调少，只是低头做事。这是他和其他清官的最大区别。

康熙三十八年（1699年），皇帝第三次南巡，到了浙江杭州。当时，于成龙的孙子于准担任浙江按察使，已经是一名高级官员了。皇帝爱屋及乌，对于准恩宠有加，亲自给他题写了匾额，悬挂在政事堂上。

康熙四十二年（1703年）九月，于准"丁忧"期满，到北京补官。康熙皇帝特别召见了于准，很兴奋地指着于准对大臣们说："这就是老总督的孙子啊！"随后，任命于准为四川布政使，官升一级。

这年十月，康熙皇帝西巡，于准随驾而行。到太原后，皇帝询问于成龙墓地的道路远近，于准回答说有二百七十多里。皇帝国事繁忙，便打消了亲自祭墓的想法，只郑重题写了一块"高行清粹"的匾额，赐给于准，再一次公开表彰于成龙。另外，皇帝又写了一首诗送给眼前的于准："石岸众芳静，斜阳柳色边。挥毫意独远，鱼跃在深渊。"

之后，于准陪着皇帝巡游到晋南的蒲州。因为马上就要到四川上任了，于准就请皇帝再指示几句。康熙皇帝给于准讲了一番做官治民的道理，然后又忍不住回忆起老总督于成龙。他伤感地说："你祖父于成龙'宽严并济'，这是别人都学不到的啊！"

"宽严并济"四个字，是康熙皇帝对于成龙的一个新评价。我们前文多次介绍过，于成龙是霹雳手段与慈悲心肠并具，是注重"恩威并用，宽严相济"的。康熙皇帝总结的这四个字，确实是于成龙最为难得的一种品质。

　　于准到四川上任布政使以后，不足四个月，就被调到贵州担任巡抚，很快又调任江苏巡抚。这种升官速度，固然和于准自己的政绩有关，但无疑也是沾了于成龙的大光。

　　康熙四十六年（1707年），皇帝又一次南巡。他见到很多江南百姓仍然在纪念老总督于成龙，民间还在流传于成龙的各种故事，不由地感慨万分，便为于成龙题写了一副对联，赐给江苏巡抚于准："历仕甘棠随地荫，两江清节至今传。"

　　这副对联和以前赐的"高行清粹"匾额，都被供奉在各地的"于清端公祠"中，作为标准的纪念样式。此时距于成龙去世已经二十三年过去了。清世宗雍正八年（1730年），皇帝下诏在北京修建贤良祠，祭祀有功大臣。雍正九年（1731年），贤良祠落成。雍正十年（1732年），于成龙获选入祠。这是清朝政府对功臣最高级别的纪念方式。到了清高宗乾隆年间，皇帝又给于成龙题写了"清风是式"的匾额，作为再一次的表彰。

故乡及任所各地的纪念

　　在山西省会太原，有一座三立祠，建立于明朝万历年间，供奉本省名贤七十多位。同时，三立祠具有书院性质，招收学生，是山西省的最高学府。于成龙去世后不久，由洪洞籍著名学者范鄗鼎发起，申报山西巡抚马齐，于康熙二十六年（1687年）二月，批准将于成龙的牌位入祠供奉，列为本省名贤。马齐在批语中评价于成龙说："大司马于公清操介节，事业文章，焜耀古今，允堪风世。如详入三立祠，以光俎豆。"

在于成龙的故乡永宁州，由当地士绅发起，在城南修建了一座"于清端公祠"，专门纪念于成龙。后来，这座祠堂还成为永宁于氏家族的议事场所。

古人常用修建牌坊的方式，表彰各种有功绩的人物。清朝时期，永宁城里牌坊众多，而和于氏家族相关的就有四座。分别是：

"天眷元臣，秉钺挥旄"坊——这是专为于成龙修建的。

"恩荣五代，绩著两朝"坊——这是为于采、于时煌、于成龙、于廷翼、于准五代人修建的。

"祖孙督抚"坊——这是为于成龙和于准祖孙二人修建的。

"威重廉江，化宣东粤"坊——这是为于成龙的重孙、于准的儿子廉州知府于大樵修建的。

在于成龙的几处任所，也都先后由当地士绅发起，修建了"于清端公祠"。

江宁城里的"于清端公祠"，最初建在天妃祠内。于成龙生前曾经在梦中进入天妃祠朝拜，好像和妈祖娘娘有缘，所以大家把祠堂建在了天妃祠。祠成十年后，深受百姓爱戴的两江总督傅腊塔也在任上去世。大家在讨论给傅总督建祠的时候，认为于成龙的祠堂建在天妃祠内不合适，就重新在雨花台选址，和傅总督的祠堂同时修建。

苏州城里的"于清端公祠"，最初建在城内的通阓坊。后来，大家认为通阓坊靠近寺院，地方窄小，不适合供奉于成龙。而江苏巡抚汤斌的祠堂建在苏州府学内，地段比较好。大家就建议把于成龙的祠堂也移到苏州府学，和汤斌祠并建。

黄州的"于清端公祠"，就建在当年于成龙赋诗饮酒的黄州赤壁之上。后来，于准从贵州巡抚调任江苏巡抚，路过黄州，见祠堂破旧，就捐资重修了一番。清末洪良品曾写过一首《赤壁于清端公祠》：

独拜荒祠绕薜萝，堂堂遗貌壮山河。
清名白日雷霆动，故老青天涕泪多。
千载招魂悲宋玉，一龛香火伴东坡。
雪堂夜静虚明月，凤马云旗缥缈过。

罗城县属于偏远落后地区，于成龙去世多年了，也没有人顾得上在罗城建祠。乾隆年间，山东历城县人金岳署理罗城知县，他少年时代就爱读《于清端公政书》，一直发愿到罗城为于成龙立祠。此时夙愿得偿，就集资修建了"于清端公祠"。他还在城外三十里的路边峭壁上，刻了"于公旧治"四个摩崖大字，至今尚存。另外，罗城县把县城一带命名为"清端乡"，以这种方式纪念于成龙。

清代名人的评价

关于于成龙的平生功业，于成龙的门生、著名学者李中素在《于清端公政书序》中有一段辞藻精彩、感情充沛的总结：

于戏，盛哉！今而知无意于功名者，始能成天下之大功；不遗一事者，始能集天下之大事。本内圣外王之学，以行其致君泽民之志。其在斯夫！其在斯夫！

方公初仕粤西，瘴疠所侵，异类与居，凡七年矣。北人宦此者百不一归，而公处之泰然，略不为动。卒之瑶僮革心，民安盗戢，其规划条议，至今犹用之不尽，抑可伟也！

及由蜀入楚，遍历艰险，数定大乱，使内地悉平，王师得一意南征，无后顾之虑。迄今读与中丞张公往复诸议，真死而后生、危而后存，其难更有百倍于往日者。当东山逆贼首倡，江右吴豫转相煽炽，使蕲黄不守，则吭扼喉噎，荆武非我有矣！公独与张公定策，率门下十余人，督乡勇数百，直捣贼巢，身自陷坚，亲冒矢石，一败之黄土坳，一败之纸棚河，旬月间一抚再剿，诸逆授首，而吴豫江右间闻风溃散，南北之路始通。方是时，外诛巨寇，内办军需，既饬属僚，复抚百姓，羽檄交驰，人马擐甲，凡所设施，皆手自裁答。于仓惶中示闲整，于扰攘中恤民力，罔不纤细曲当，洞中机宜。此又素所亲炙，不假披阅始知者。

至若出八闽于汤火之余，调剂军民，各安厥所。赎还难民，动以千百。每一书上，王公大人皆虚心听受。抚绥上谷，屡建谠言，为民请命，天子知公直，皆特旨报可。以故得苏解困癓，全活死徒无算。

古人得一节，足以传之无穷，公则萃于一身，无往而不备矣。

……甫莅两江，未期月纲纪整饬，俗易风移。每有示谕，闾里小民争手录口诵，旬日成帙……

清代名臣、刑部尚书魏象枢和于成龙同岁。于成龙去世时，他也身患重病，已经退休回乡。听到于成龙的噩耗之后，魏象枢在病榻上十分伤感地写了两首挽诗，寄到了山西永宁：

> 简命深叨圣主知，臣心精白总无私。
> 清风亮节高千古，吏治民生济一时。
> 寝食难忘宸翰重，死生未报赐金慈。
> 岩疆赖有斯人在，何事惊传箕尾骑。

> 生与同庚性不殊，居然三晋两迂儒。
> 怜君磐错身应瘁，顾我膏肓病未苏。
> 南望江河谁复挽，北瞻云日总难呼。
> 当年荐草曾闻否？历尽平生一语无。

第一首诗讲的是君臣之情，第二首诗讲二人的知己之情。说他二人年岁相同，性情相同，是山西省的两个迂腐的儒生。一个积劳而死，一个缠绵病榻，命运也十分相似。最后两句指出，当年特疏推荐于成龙，是件机密大事，于成龙本人可能都不知道。而两人神交已久，居然没有见面说过一句话，也是最大的遗憾。

于成龙的山西老乡、乡试同年、著名理学家范鄗鼎在《跋于清端公传后》评价说：

> 余读《明史》，而叹廉吏之难。其人也，三百年来首轩轾，

锐之后有吾阳城杨继宗，厥后有布政张黼、副使刘俊、岳州知府张举与吾邑洪洞卫英数人，前辈石公瑶言之彰彰哉！

余观数人，廉也而或短于才，才矣而或疏于学或馁于气。才、学、气备矣，而或不得于君，不获于上，政事止及于一时一隅之间。君子惜其用廉之未尽善也。本朝养士四十余年，得于先生，先生之廉可不谓其尽善乎！廉则心清，心清则理明，理明则才全，理明则学优而气壮……

范鄗鼎拿于成龙和前代几位廉吏相比，说于成龙才、学、气三者俱备，并且幸运地获得了皇帝和上级的赏识，一生大展宏图，功业卓著。并说于成龙的才、学、气具备来自于廉洁，只有行为廉洁才能够心地清净，心地清净才能够道理通明……可谓是极高度的赞扬。

清代名臣陈廷敬在《于清端公传》中，一方面引用了范鄗鼎的评价，一方面又谦虚地表示自己不敢妄议古人。但观察卫周祚、魏象枢、毕振姬等几位自己熟悉的贤者，假如他们被放到于成龙的位置，成就还真不知道会怎么样。他最后表示，自己认真为于成龙作传，是想表达一种"私淑"之意，也就是要向于成龙学习，做于成龙那样的名臣。

于成龙的同学及好友武祗遹在《跋于山奏牍后》很痛快地赞扬评价了老同学：

其刚毅自矢，不畏强御，则包孝肃（拯）也；其精白一心，可对天地，则赵清献（抃）也；其安上利下，扶危定倾，则司马温公（光）也；易箦之日，仅余竹簏败笥，污衣旧靴，银钱毫无，则海忠介（瑞）之萧条棺外无余物，冷落灵前有菜根也！所谓"言顾行，行顾言"，公之谓也！

武祗遹以四位古名臣为榜样，从四个方面赞扬于成龙，而清廉仅是其中一项。这个评价虽然不无过誉，但也是很有道理的。

熊赐履在"墓志铭"中高度评价于成龙，是从"诚于中而形于外"的角度说的：

呜呼！余考传记，三代而后以廉干称者代不乏人，然类多矫饰沽激，流为刻核，以纳于偏畸。故措施建树、表里初终之际，往往难言之。未若公之狷介性成，质任自然，略无矫强刻厉之迹。而诚意感孚，无不服教畏神，不疾而速，直有超越于古人之上者。然后叹公为真不可及，而益信诚中形外之为不诬也！

他说历史上很多廉吏，往往不是虚伪，就是偏激，行事往往会引发争议。而于成龙则是生性清廉，自然如此，没有一丝一毫的虚伪，确实是超越了古人。

出身状元世家的著名居士彭绍升在《于成龙事状》中评价说：

操执似海中介，智略似王文成。行成于独，不言而人自化。用能保圣天子始终之恩，立百尔在官之准，永斯人没世之慕。区区发奸禁暴，岂足以见公之厓量哉！

他把于成龙比作明朝的清官海瑞和儒将王守仁（王阳明），这也算是非常高的评价了。

于成龙的孙子于准在《先儒正修齐治录序》中评价祖父于成龙说：

先清端平生从不讲学，而所行未尝不合于道。素景慕者，汉则江都、隆中，唐则邺侯、宣公，宋则魏公、温公，明则文清、文成。文清、文成为理学宗主，而汉唐宋诸公，皆不以理学名者也。然江都之正谊明道，隆中之淡泊宁静，邺侯之智识，宣公之忠悃，魏公之度量，温公之立诚，虽不树理学名，实归真于理学。先清端之景慕乎诸君子者，亦期无愧于真而已。

于准列出了于成龙的八位"崇拜偶像"，包括建议"罢黜百家，独尊儒术"的董仲舒、帮刘备治理蜀汉的诸葛亮、帮助唐肃宗平定安史之乱的李泌、给唐王朝上书提意见的陆贽、宋仁宗时期的名相韩琦、宋哲宗时期的名相司马光、明朝的理学家薛瑄、平定过宁王之乱的大儒王阳明。用这种巧妙的方式，评价了于成龙的心胸和志向。

晚清理学大师、名臣曾国藩的老师唐鉴在《于成龙为政辑评》中这样评价：

圣贤之学，体用一源。有真体者必有真用，有真用者必有真体。如先生者，所谓有真用者也，而真体即于用中见之……吁！先生之清令人畏，令人服，令人感泣，何若是其神也？则以其出于诚也！真体真用于是乎见之。夫而后知先生之《政书》，即先生之学案也。

> 天下之言清者，孰如先生？天下之言勇者，又孰如先生？曰仁曰诚，先生可无愧矣。先生，吏者之师也。

唐鉴生活在于成龙去世一百多年之后，作为理学大师，他的评价可谓十分经典。所谓体与用，也就是我们熟悉的理论与实践。于成龙平生没有理学方面的著述，可以说是没有理论，唐鉴认为有真理论才会有真实践，有真实践必定有真理论。于成龙以实践见长，那一定是精通圣贤的理论。于成龙的公文和奏疏，等于是理学家的"学案"。他对于成龙的清廉、勇敢、仁爱、真诚，非常认可也非常佩服。最后点出，于成龙是"吏者之师"，是官场上的大理学家。

近现代的影响

在今人白寿彝主编的《中国通史·清代传记编》中，于成龙以著名清官的身份入选，占了一章的分量，该书评价于成龙是"勇于任事，清苦克俭"。在今人撰写的几部《康熙传》中，都有专门的章节介绍清官于成龙。在今人余沐撰写的《正说清朝十二臣》中，清官于成龙也占了一席之地。另据笔者检索，网上有"中国古代十大清官"的说法，清代的于成龙排在第十位。

现代人为于成龙撰写的传记作品，笔者见到的有王若东、刘乃顺、林祥三先生合著的《天下第一廉吏：于成龙传》，是一部资料丰富、内容完整、可读性很强的著作，也是本书重要的参考资料。

京剧《廉吏于成龙》剧照

在文艺作品方面，有王永泰先生的长篇小说《清官于成龙》。这部小说因体裁缘故，虚构内容较多，但影响很大。单田芳先生将其改编为一百回的评书，广为流传；二十集电视连续剧《一代廉吏于成龙》也由小说改编，2000年在中央电视台黄金时段播出，一时间红遍全国，扮演于成龙的是著名演员李万年；上海京剧院将小说的部分章节改编为京剧《廉吏于成龙》，由著名表演艺术家尚长荣先生主演，后来由上海电影制片厂拍成了电影，也有很广泛的影响。另外，还有一些戏剧作品在各地演出，不一一介绍了。

由于当代廉政建设的需要，于成龙故里、遗迹的保护和开发，于成龙著作、传记的出版和发行，于成龙故事的演绎和宣传，都可以说是方兴未艾，热潮迭起。我们现代人，有充分的渠道去了解于成龙、认识于成龙、感悟于成龙、学习于成龙。斯人虽然早已化为吕梁山上一缕清风、一抔黄土，但他的精神将永远不朽，长留世间。

余论

于成龙是中年出仕，贡生得官，应该说没有什么光彩可言。两次赴京，花了家里一大笔钱；赴任广西，又卖房子卖地，从家里拿了一百两，应该说够辛酸了。

离家时，他其实把话说绝了："我做官不管你，你治家莫想我。"家人的生死存亡，都交给儿子于廷翼。于成龙，只管好好做官。

要么客死在广西，要么敲锣打鼓衣锦还乡，实在是很悲壮的事。

到了稷山，又把这话向老同学说了一遍："我此行决不以温饱为志。"不仅不管家人的温饱，连自己的温饱也不管了，只管好好做官。

但还是连累了家人。五个仆人死了一个，逃回来三个。于廷翼不能不管老父，再雇四个人派过去。结果又是三死一疯，连不肯逃的都逃回来了，把老父一个人扔在罗城。没办法，廷翼只好自己去罗城了。家里还有祖母、母亲、小弟弟呢，廷翼在罗城待了几天又回去了。

当初想做好官，是为了给家人一个交代。后来做好官，是为了积德，为了活着回故乡。眼看着分配来广西的同僚，一个一个地病死。除了疾病，还有野兽和强盗，于成龙自己也怕呀。

罗城偏僻而落后，工作相对好干。于成龙不仅做好了罗城的事，还替金光祖出主意，替广西省办事。穷地方没什么油水，做清官容易，做贪官反而难。于成龙曾给金光祖说，咱们这里的官员，贪污腐败的心思比较少，一心只想活下去。

到了富裕的黄州，贪污腐败的诱惑就多了一些，但于成龙已经成熟了，有了抵抗力。朝廷有相对完善的激励机制，超期服役给连升三级，举"卓异"给升了一级，不到十年就是正五品官员了。做好官办好事，还是有奔头的，那就继续奔吧。缉盗安民，捐俸赈灾，一切都努力去做，结果又被上级举了一次"卓异"，再次升官。到福建也是，继续努力去做一切好事，刚几个月就被上级举了"卓异"。清代官场上，一个人三次被举为"卓异"，大概绝无仅有吧？而这种完善认真的考核机制，也令人赞叹。

上级看中的其实是办事能力，不管什么复杂政务，甚至是军务，于成龙都能办好。他有办法，也有胆量。越境剿匪的事，是有风险的，于成龙敢干，却不蛮干，虚张声势，敲山震虎，盗匪就来求和了。平定东山叛乱，风险更大，竟让于成龙做成了。平反犯"迁海令"的百姓，找康亲王"求罢垦夫"，哪一件没有风险？还有后来的宣府赈灾，不等朝廷命令，就敢直接开仓放粮。我们现代人要学，就该学于成龙这股子担当精神，勇于任事，不怕风险，另外还要有智谋，不蛮干胡干。

那些器重于成龙的上级们，其实好几个都是贪官。后来不是被革了职，就是被判刑流放。于成龙为啥就没事呢？因为他清廉。清廉既是自觉的追求，也是环境所迫，后来就成了习惯，从心所欲而不逾矩。到了大地方，做了大官，俸禄其实也不少了，还是不肯吃好的穿好的，多余的钱都拿去积德。有时连多余的衣服、代步的骡子都拿去换钱，然后拿钱做慈善。于成龙难道就不知道享乐吗？其实也有一点点啊！喝点便宜的小酒，吟几首小诗，再做做升天和成仙的美梦，心里也快乐着呢。不顺心了，有情绪了，于成龙也会骂人，会发牢骚，会痛哭流涕，并不是成天板着脸装蒜。

做清官，是不是就该六亲不认呢？他也不是。他和老百姓交往，和秀才们诗人们交往，和同僚们下属们交往，和各地的官员们交往，也通过正当渠道和上级们交往。谁说于成龙不知道巴结上级？他写的那一条条的建议，不是帮上级做政绩吗？他把自己的本职工作做好，不也给上级脸上增光吗？清官做到于成龙这个份上，确实是十分罕见的。

于成龙离家的时候，说了绝情话，不管家人了，其实他该管还是要管。他没有把银子往家里运，但儿子们的婚事他是关心的。湖广巡抚张朝珍管于成龙叫"亲翁"，于成龙管副总兵王宗臣叫"亲翁"，那不都是结了一门一门的亲吗？廷翼和廷劢考试没指望了，他就专心培养廷元，给廷元找好老师，还把廷元写的八股文寄给魏象枢指点，这个父亲做得还是比较尽心的。他和邢氏夫人分居二十多年，好像不够意思。但邢氏曾让他纳妾，伺候起居，他一直没同意，这不是挺够意思的吗？于成龙没有把母亲接到任所侍奉，好像不够孝敬，但他一次又一次请求辞官回乡，不正是想孝敬母亲吗？

于成龙在外头做好人做好官，其实就是个表率。他儿子也不含糊，在家乡做好人，真是有其父必有其子。于成龙上任的时候，家里穷得要卖房子卖地，于廷翼接手经营几年之后，就有财力在永宁做慈善家了。永宁一带每有灾荒，于廷翼总是带头赈济的。二儿子于廷劢，也向父兄学习，做好事不肯落后。于成龙最爱讲因果报应，其实他们一家人，就是好人有好报的典型范例。我们现代人，不仅要学于成龙的才，还要学他的德。

康熙皇帝就是看中了于成龙的德行，拿他做清官榜样，教育天下官员，试图澄清吏治，开创太平。但他把于成龙放在两江总督这个大火炉子上，没几天就把于成龙烤焦了。于成龙被人参劾，被人诬陷，心里明明很气愤很郁闷，但他就是不辩解不反击，首先反省自己，再三要求退休。康熙皇帝也是过了好久才明白过来，于成龙其实是有反击能力的，只是为了顾全大局，维护朝廷的体统，才选择了委屈退让。这样的心胸襟怀，上哪儿找去？怪不得康熙皇帝过了许多年，还在怀念于成龙。

生活在明末清初的于成龙，离开这个世界已经几百年了。我们今天这个时代，还有"于成龙"吗？

汉代学者刘向是这样回答的："十步之泽，必有香草；十室之邑，必有忠士。"

唐朝大文豪韩愈是这样回答的："世有伯乐，然后有千里马。千里马常有，而伯乐不常有。故虽有名马，祗辱于奴隶人之手，骈死于槽枥之间，不以千里称也。"

法国著名雕塑家罗丹是这样回答的："生活中从不缺少美，而是缺少发现美的眼睛。"

而春秋时期的孔夫子是这样回答的："举直措诸枉，能使枉者直。"

我相信，如果有一套比较良好的机制，是能发现"于成龙"，并培养"于成龙"的。古人都做到了，难道我们现代人还做不到吗？

第三章 于成龙箴言

《示亲民官自省六戒》是于成龙撰写并颁发给基层官员的学习教育材料。其核心无非是为官自身着想和为民着想。

示親民官自省六戒

廷設官分職皆為治民而與民最
親成胃親民者反以累民甚有不
理人心四字置之高閣不問矣噫
何時止乎用是偶採成言無參時
觀自為猛惕倘反是道也王法不
謹列如左

一曰勤撫恤州縣之官稱為父母而
名思義古人所以有保赤之喻也夫
民體其慈愛事事婆心王成栄民者

《于清端公政书》载《示亲民官自省六戒》

为政

示亲民官自省六戒：一曰勤抚恤；二曰慎刑罚；三曰绝贿赂；四曰杜私派；五曰严征收；六曰崇节俭。

累万盈千，尽是朝廷正赋，倘有侵欺，谁替你披枷戴锁？
一丝半缕，无非百姓脂膏，不加珍惜，怎晓得男盗女娼！

国家之安危由于人心之得失，而人心之得失在于用人行政，识其顺逆之情而已。

以一夫不获曰予之喜，以一吏不法曰予之咎，为保邦致政之本。

我辈虽无科第身份，上古之皋、夔、稷、契，岂尽科目中人耶？我此行决不以温饱为志，誓勿昧"天理良心"四字。子素知我于莲池书院者，敢为子质言无隐。

修身

处世不必邀功，以无过为功，与人不求感德，以无怨为德。

治家

要把父母，时时刻刻放在心里，时时刻刻顶在头上。读书明理者，以养志为先。

同爨者宜一室和气，若是分居，亦要彼此联属。为兄者当爱，为弟者当敬。患难相恤，贫富相顾，不肖相劝。勿听妻子之言，而伤手足之情。如有不遵者，朝廷法律具在，莫贻后悔。

凡系族人，不分枝派远近，不论人品贵贱，俱照长幼执礼。倘敢高下异视，照不睦条议罚。

愿我家子弟破除积习，做童生，下一番苦功望进学；做秀才，下一番苦功望中举。即使数命不偶，艰于遇合，道理明透，亦不被人目为不通。

我愿子弟小心敬畏，虽进学与平人无异，埋头读书。设有非礼之来，当以理遣。

士子幸而上达，身虽贵显，居家切要勤俭，不可奢靡。待人务宜谦光，不可骄傲。

有田之家，率其佃仆，及时耕种，及时耘耨。宁先时，毋后时。仍不时亲身董率，勿自家懒惰，委之家人。

种田不离田头，深耕易耨是其本分。勤得一分，多得一分之利。

生意之人，或开店，或行商，俱要早起晚睡，不可偷安。

居家要俭，当念钱财非易。衣服饮食，惟期适口充身，不可浪费。

驭仆婢体恤劳苦，轸念饥寒。不可近狎，亦不宜疏远。临之以庄，驭之以礼，至要，至要！贵显之后，乡党之间，禁其放肆，则又宁严毋宽也。

结亲惟取门当户对，不可攀高，亦不可就下。不可以一言之合，辄将儿女轻许。至于聘财妆奁，但当量其家计大小，不可过费，恐伤元气。

夫妇之间，当思一敬字。

子弟将成人之时，性情易扰，不许结交淫朋浪友。如与不端之人往来，为父兄者，急早禁绝，以防其渐。

子弟年幼，早晚不时稽查，不许远离膝下。即从师在学，亦必访察功课。倘有旷业之日，则根究踪迹，大加振刷，勿事姑息。

子弟家居，饮食动作，俱教以规矩。事上接下，俱教以礼数。

致富由勤，人尽知之。我谓"公道"二字，乃致富之要诀。其致富在"勤"字之上。

居心不可刻薄，天地长养万物，只是一个仁，仁则并包无外。

立身贵高。高非高傲之高，只是不可把自家的身子卑了，同流合污是也。

人贵立志。志非大言不惭之谓也，乃念念向上一等做去。

莫谓神明当敬也，敬神明不如敬心；莫谓此心可欺也，欺此心即是欺天。心存正直，天知神敬；心存欺诈，鬼祸灾生。

勿谓些小之善不足纪，善念一生，天必降之福；勿谓些小之恶无足畏，恶念一生，天必降之灾。

不可结怨于人。人之最难忘者，感恩积恨二端。施恩于人，尚有忘者；积恨于人，则透入骨髓，未有不思报者。所以吾人处世当存一宽大之念，不独驭事留其有余，就是言语之间，也不可过锐。

凡事不可做尽，人力不逮于我，我不可穷人之力。

人终身体认一个"忍"字。小不忍，则乱大谋。忍得一分，受用一分。

主要参考文献

1　[清]蔡方炳、诸匡鼎编,于准录:《于清端公政书》,康熙年刊印。

2　[清]李元度:《国朝先正事略》。

3　[清]于准编《于氏宗谱》,康熙年刊印。

4　《永宁州志》,康熙年刊印。

5　虞山襟霞阁主编《于成龙判牍精华》,上海中央书店印行,1943年版。

6　[清]赵尔巽等:《清史稿》,中华书局,1977年版。

7　王钟翰点校《清史列传》,中华书局,1987年版。

8　王若东等著《天下第一廉吏——于成龙传》,山西人民出版社,2000年版。

9　李志安主编《于成龙集》,山西古籍出版社,2008年版。